Sexualität
als
Sein – Kommunikation – Gewalt

Reinhold Miller

Sexualität

als

Sein – Kommunikation – Gewalt

Bibliografische Information der Deutschen Nationalbibliothek:
Die Deutsche Nationalbibliothek verzeichnet diese Publikation
in der Deutschen Nationalbibliografie; detaillierte bibliografische
Daten sind im Internet über https://portal.dnb.de/ abrufbar.

© Reinhold Miller 2022
Lektorat: Sophie Lichtenstein

Lektorat, Satz, Umschlaggestaltung, Herstellung und Verlag:
BoD – Books on Demand, Norderstedt

ISBN: 978-3-7562-8929-5

Für Margarethe,
meine geliebte Frau
† 2022

Inhaltsverzeichnis

Vorwort

»Pfui!«, sagte mein Vater, als er sah, dass ich mit meinem Genital spielte. Da war ich vier, mein Vater fünfundvierzig und streng katholisch.
»Ich liebe dich«, sagte meine Frau, als ich ihr übers Haar strich. Da war ich siebenundsiebzig, sie einundneunzig und im Rollstuhl eines Pflegeheimes.

Zwischen diesen beiden *Kommunikationen* liegen nun dreiundsiebzig Jahre meines Lebens mit einer Fülle von Selbsterfahrungen, zwischenmenschlichen Kontakten, schwerwiegenden Entscheidungen, beeindruckenden Erlebnissen, erinnerungsbleibenden Begegnungen, gravierenden Schicksalsschlägen, wertvollen Beziehungen, privater wie beruflicher Art, und 48 prägenden, intensiven, phasenweise belasteten und dennoch unvergesslichen und liebevollen Jahren der Ehe – immer auch im Erlebnisbereich unserer beider sehr unterschiedlichen Lebensgeschichten und unserer eigenen weiblichen/männlichen Sexualität als Mädchen/Junge, Jugendliche und Erwachsene.

Was dieses Buch betrifft, so bewegen mich sechs Themen der Sexualität im Kontext privater Lebensweisen sowie in zwischenmenschlichen Beziehungen (innerhalb unseres Kulturkreises):

(1) Das Verständnis menschlicher Sexualität
(2) Bedeutung, Folgen und Konsequenzen der Sexualität
(3) Die Vielfalt zwischenmenschlich praktizierter Sexualität
(4) Der Ursprung und das Verstehen von Gewalt
(5) Sexualisierte Gewalt
(6) Der Zusammenhang zwischen Sexualität, Erotik und Liebe

Biografisches, zum besseren Verständnis meiner Motive und Ziele:

Dr. Dipl. Theol. Dipl. Päd. Reinhold Miller (m), Jahrgang 1943; Abitur, Studium der Philosophie, Theologie (katholisch und evangelisch), Pädagogik und Psychologie; Promotion. Kurzzeitig Lehrer, dann vierzig Jahre hauptberuflich als Kommunikationsexperte, Coach und Beziehungsdidaktiker; bundesweit und in Österreich, der Schweiz und Südtirol tätig; Autor zahlreicher Fachbücher.

Ich bin kein Mediziner, kein Sexologe oder Sozialwissenschaftler, sondern ein Fachmann, der sich in menschlichen und zwischenmenschlichen Lebens- und Verhaltensweisen auskennt und die Sexualität als menschliches Phänomen betrachtet, die sozialverträglich statt gewalttätig gleichwertig und gleichberechtigt von weiblichen, männlichen und diversen Menschen gestaltet werden kann.

Drei Bemerkungen vorab

1. Ich verwende meist den Begriff sexualisierte Gewalt statt Missbrauch, um nicht den Anschein zu erwecken, Sexualität könne man (positiv) »brauchen« oder (negativ) missbrauchen.
2. Alle Texte beziehen sich auf Studien im Bereich der humanistischen Psychologie, auf theoretische und praktische Erkenntnisse der menschlichen Sexualität und auf meine Beratungs- und Therapieerfahrungen über vier Jahrzehnte hinweg im Umgang mit Einzelpersonen, Paaren und Gruppen.
3. Ab und zu berichte ich über eigene Erfahrungen, spreche sie persönlich aus, zeige auf, was sie für mich bedeuten und was sie bei anderen ausgelöst haben.

Meine Motive

Das Thema »Sexualität und sexualisierte Gewalt« in mein berufliches Repertoire aufzunehmen, beruht auf vielfältigen Erfahrungen, Erkenntnissen und Einsichten über Jahrzehnte hinweg:

* Als *Lehrer* in einer Hauptschule, in der »Du schwule Sau, du Hure, du Wichser« und Ähnliches im Sprachschatz der Schülerinnen und Schüler zunahmen. Ich wurde hellhörig und war in der Lage, mit ihnen zu arbeiten, mit dem Ziel, fair miteinander umzugehen (ab 1975).

* Als *Autor*, an den ein Verlag mit der Bitte herantrat, ein Schülertrainingsheft zu schreiben, weil die Beschimpfungen in den Schulen sich immer mehr ausbreiteten. Es entstand das Heft: »Du dumme Sau!«, das von Lehrerinnen und Lehrern erwartungsvoll aufgenommen und als Trainingshilfe eingesetzt wurde (ab 1990).

* Als *Beziehungsdidaktiker*, der in seiner Beratungstätigkeit und über die sozialen Medien wahrnahm, wie die Beschimpfungen und Beleidigungen, die Abwertungen und Übergriffe, die physischen und psychischen Gewalttaten extrem sexualisiert und weit in das Alltags- und Privatleben der Menschen aus allen Schichten eindrangen (ab 2000) – und die sich bis heute in einem Ausmaß ausgebreitet haben, dass sie die Begrenzung, Verhinderung und Steuerung ungemein erschweren (ab 2010).

* Als *Berater* und *Coach*, der über die Missbrauchsskandale bestürzt war (vorwiegend in der katholischen Kirche, wobei die Betroffenen noch bis heute auf entsprechende Entschädigung warten), und der zum Begleiter und Helfer für Menschen wurde, die unmittelbar und mittelbar betroffen waren (ab 2010).

* Als *Zeitgenosse*, der über die sexualisierte Gewalt schockiert ist, vor allem Kindern und Jugendlichen gegenüber (seit Kurzem als Verbrechen de-

klariert), deren Ausmaß nicht abzusehen ist und deren Schrecklichkeiten in den Medien und der realen Wirklichkeit immer umfangreicher wahrzunehmen sind (ab 2020).

* Als *Privatmann,* der persönlich betroffen ist und der sich kommunikativ und mental solidarisch mit denjenigen Menschen verbunden fühlt, die radikal jeglichen Formen sexualisierter Gewalt entgegentreten und sich für Gleichberechtigung und Gleichgerechtigkeit der Geschlechter einsetzen (ab 1990).

Meine Ziele

Aus meinen Wissenspotenzialen, durch Erfahrungen und Erkenntnisse über vier Jahrzehnte hinweg und aufgrund der immensen Bedeutung der Sexualität sowohl im Leben der Einzelnen als auch in der Wahrnehmung und Darstellung in der Öffentlichkeit erwuchsen für mich folgende Ziele:

* hervorzuheben, welche zentrale Rolle die Sexualität – grundsätzlich primär als Seinszustand im Leben aller Menschen – spielt;

* bewusst zu machen, dass menschenfreundlich praktizierte Sexualität die beste Voraussetzung ist, der sexualisierten Gewalt keine Chance zu geben;

* zu reflektieren, welche persönlichen und zwischenmenschlichen Auswirkungen sexuelle Verhaltensweisen und Praktiken für Körper und Seele haben;

* zu zeigen, dass die menschliche Sexualität (u. a.) als Form der Kommunikation und Beziehung gelebt werden kann;

* deutlich die sexualisierte Gewalt zur Sprache zu bringen (sexuell beleidigende, herabwürdigende, verletzende und verbrecherische Haltungen und Handlungen) und sie als pervers zu deklarieren;

* Menschen zu helfen, wie sie sich gegen sexuelle Gewalt immunisieren, sich von den Folgen befreien und würdig leben können;

* deutlich zu sagen, dass nicht die Gewalt unser aller Leben dominieren darf, sondern dass es die Liebe ist, die uns am Leben erhält.

Und schließlich beziehe ich immer wieder meine eigene Person in das Gesamtgeschehen mit ein: als Betroffener, Beobachter, Begleiter in meinen Beziehungen zu Menschen, die ihre Sexualität individuell und sozial leben möchten.

Seit es Menschen gibt, ist Sexualität ihr Thema, sei es offen, subkutan oder tabuisiert. Die digitale Realität hat sich immer mehr in die Öffentlichkeit gedrängt, naturgemäß, überbetont, unangemessen, schließlich Grenzen sprengend und damit jeglicher Art von Gewalt preisgegeben.

Es ist an der Zeit, zu den Ursprüngen zurückzukehren und die Sexualität als hohes Gut und wertschätzende Verhaltensweise zu sehen und zu leben, was nur möglich ist, wenn wir Menschen grundsätzlich respektvoll miteinander umgehen.

Bemerkung

Ich wende mich an Menschen jeglichen Alters und bitte die interessierten Erwachsenen in der Begegnung mit und in ihren Beziehungen zu Kindern und Jugendlichen, die von mir beschriebenen Haltungen, Einstellungen und Verhaltensweisen jeweils entsprechend anzusprechen, zu vermitteln und selbst zu leben. Sexualität ist ein zentrales Phänomen im Leben jedes Menschen, sei es verinnerlicht oder angesprochen, erwähnt oder verdeutlicht, tabuisiert oder verbreitet, und das unserer Kommunikation einen besonderen und vielfältigen Sinn gibt.

Einleitung

In Teil 1 geht es um die Sexualität als grundsätzliches Sein in jedem Leben von Menschen und was dies bedeutet: Sie können nicht nichtgeschlechtlich sein und sind darin ein Zufall der Natur. Sie können sich nicht für oder gegen das Leben entscheiden: Sie *werden* geboren. Diese *Tatbestände* und deren *Reflexion* sehe ich als äußerst wichtig an, um die eigene Sexualität als Mensch zu verstehen, sie mit anderen zu leben und dadurch Voraussetzungen zu schaffen, sexualisierter Gewalt keine Chancen zu geben, d. h. also, sie zu verhindern bzw. zu reduzieren, sich die eigene Sexualität bewusst zu machen und sie menschenwürdig als Bollwerk gegen sexualisierte Gewalt zu leben.

In Teil 2 thematisiere ich das zwischenmenschliche Zusammensein im Kontext *sexueller Funktionen, Formen, Verhaltensweisen und Praktiken*, solitär und sozial, die grundsätzlich kommunikativ und dialogisch sind. Dabei wird deutlich, wie vielfältig diese Kommunikationen und Variationen sind, vor allem, seit die Genetik und medizinische Wissenschaften enorme Erfahrungen gesammelt und Erkenntnisse gewonnen haben. Dieser Reichtum entzieht der sexualisierten Gewalt den Boden.

In Teil 3 entlarve ich die Gewalt von Menschen im Rahmen der Sexualität – im weitesten Sinn – als Perversion (= Abweichung, Verdrehung). Etwa 90 % der Männer und 10 % der Frauen sind sexuelle Gewaltmenschen – vor allem mit dem Hauptmotiv der Machtausübung. Die Opfer und Täter brauchen Hilfe, um aus den schrecklichen Taten und den erlittenen Leiden herauszukommen und heilsame Wege zu finden und zu beschreiten.

In Teil 4 zeige ich, dass Sexualität, als Seins- und Verhaltensweise, bis zum Lebensende anhält und erfüllt gelebt werden kann, aber auch, dass sie leider immer noch weitgehend abgetan oder tabuisiert wird. Auf der einen Seite steht die Tragik, Abschied von gelebten sexuellen Beziehungen nehmen zu müssen, auf der anderen Seite das Geschenk physischer und psychischer Nähe, Zärtlichkeit und Innigkeit als Ausdruck bleibender Liebe bis zum Tod zu bekommen.

Diese Reihenfolge habe ich deshalb so gewählt, um zu verdeutlichen, dass der sexualisierten Gewalt, der unglaublichen Missbrauchswelle in der heutigen Zeit und der Grenzenlosigkeit via Medien nur dann erfolgreich Widerstand geleistet werden kann, wenn wir bei den Ursprüngen und Wurzeln der Sexualität beginnen, und das heißt, die Sexualität grundsätzlich als Seinsweise zu verstehen und sie nicht zu trivialisieren, indem wir von der »schönsten Nebensache« reden: schön oder nicht schön – und schon gar nicht Nebensache, sondern zentrales Phänomen in unserem Leben.

Dieses Sein als Wirklichkeit ist von sexuellen Stimuli, Impulsen, Werbebotschaften, grenzenlosen Darbietungen, Offenlegungen von Praktiken und Handhabungen via Internet umgeben. Sie alle prägen unser Fühlen, Denken, Reden und Handeln.

Hierzu einige Beispiele

* »Hey, du Hure«, sagt ein 14-jähriger Junge zur Schulleiterin, als er das Schulhaus betritt. Im anschließenden Gespräch entschuldigt er sich und bemerkt: »Das sagt mein Vater jeden Tag zu meiner Mutter.«

* Ein Neunjähriger: »Ich weiß, was Ficken ist. Wenn mein Vater seinen Pimmel in meine Mutter steckt.«

* »Porno ist geil! Wir treffen uns schon vor der Schule – und zieh'n uns einen runter. Hausaufgaben sind Scheiße!« (Jungs zum Lehrer)

* Ein Lehrer nimmt einem Schüler einen Spickzettel weg. Er liest den Inhalt; fünfmal der gleiche Satz: »Mädchen sind zum Ficken da.«

* In Arbeitspausen verschwinden Pärchen in ausgesuchten Räumen für »Quick-Ficks«.

* Lehrmädchen werden von Meistern oder Kollegen »zurechtgebumst«. Frauen müssen sich, gezwungenermaßen, den sexuellen Wünschen ihrer Vorgesetzten beugen. Ad infinitum.

Sexualität, wie in diesen beschriebenen verbalen und nonverbalen Verhaltensweisen, wird zum Leistungssport deklariert; auf dreifache Köperöffnungen reduziert (vaginal, oral, anal) und zum »Treffpunkt« von Penislänge und »Vaginaquadratzentimetern«, Missbrauch und Sinnentwertung zugleich. Ich nenne dies genitale Kopulation im Gegensatz zur sexuellen Kommunikation.

Sexuelle Stimuli gibt es überall, in den Familien, auf dem Weg zur Schule, zur Arbeit, beim Shoppen, im Freizeit- und Sportbereich, in Wirtschaft, Industrie, Politik und Kunst, in den Medien im Blickfeld der Menschen, im Reden wie im Tun: geile Blicke, plumpe Anmache, eindeutige (oder zweideutige) Bemerkungen, sexuelle Anspielungen, übergriffige Einladungen, schamlose Gesten …

Es ist ein Irrtum, zu glauben, sie hätten keine Wirkungen auf uns Menschen. Das Hirn speichert die Wahrnehmungen und Einflüsse, die Bilder und Fantasien, und zwar in zwei »Depots«: im Unbewussten (dessen Dynamik uns verborgen ist) und im Bewussten (dessen Dynamik augenscheinlich ist).

Es ist meist wirkungslos und zu spät, wenn die Kampagnen gegen sexualisierte Gewalt als Notdienstmaßnahmen, »Löschaktionen« oder Reparaturen in Akutfällen angewendet werden. Deshalb ist eine Prophylaxe von großer Bedeutung, weil sexualisierte Gewalt nicht erst dann zu bekämpfen ist, wenn sie latent oder augenscheinlich auftritt und Schäden bewirkt, die oft irreparabel im Leben der Betroffenen sind. Generell müssen die Wurzeln der Sexualität thematisiert und in das Leben integriert werden.

Das heißt: Zwei »Stränge« der Sexualität sind von Lebensanfang an vorhanden, und zwar die genetisch-biologische durch die Geburt sowie die zwischenmenschlichen durch Kontakte und Beziehungen – in allen Konstellationen.

Deshalb muss in jedem Zeitalter und in jeder Phase des menschlichen Lebens durch respektvolles Verhalten und zwischenmenschliche Zuwendung verhindert werden, dass sexuelle Fehlhaltungen, unwürdige Missstände, menschliche Erniedrigungen oder gewalttätige und kriminelle Verhaltensweisen entstehen und sich entwickeln können: »Wehret den Anfängen!« Und dies geschieht durch menschenfreundliche Grundhaltungen, wie Selbstbewusstsein, Wertschätzung, und gegenseitige Solidarität. Fehlen sie im Umgang miteinander, so verliert das Selbst seinen Halt, werden die Beziehungen brüchig und mutieren im Bereich der Sexualität zu menschenverachtenden Einstellungen sowie perversen und kriminellen Handlungen.

Ein Blick in unsere Kindheit, in zwei mögliche Welten:

* Die eine mit Erfahrungen von Wahrgenommenwerden, Geborgenheit, Zuwendung, Zuneigung. Wertschätzung, Schutz, Vertrauen, Ermutigung, Akzeptanz, Entwicklungsförderung, Loslassen, Begrenzen, Unterstützung, Tröstung, Stabilität, Verlässlichkeit, Achtsamkeit, Fürsorge, Selbstbestimmung und *gegenseitiger* Empathie – schlichtweg durch Liebe.

* Die andere mit Erfahrungen von Abwertung, Erniedrigung, physischer und psychischer Gewalt, Misstrauen, Strafmaßnahmen, Bloßstellung, Alleingelassensein, Verlorenheit, Angst, Hass, Aggressionen, Erpressung, Drohungen, Verharmlosung – schlichtweg durch Lebenszerstörung.

Dann müssen wir nicht lange rätseln, in welche Richtungen und Auswirkungen jeweils die eine oder die andere Welt führen.

Weil unter der sexualisierten Gewalt zu 90 % die weiblichen Menschen leiden, ist sie mit allen Haltungen, Verhaltensweisen und Aktionen gekoppelt, die die weibliche Emanzipation verhindern oder ihr schaden. Deshalb:

Die Entwicklung der Sexualität, deren gelebte Realität und jegliche Maßnahmen gegen sexualisierte Gewalt müssen mit der Förderung persönlicher und zwischenmenschlicher Emanzipation einhergehen.

Dabei ist zu beachten, dass die naturgegebene Genetik und förderliche Beziehungen zwei Seiten einer Medaille sind, im Wechselspiel zueinander stehen, sich gegenseitig bedingen und je eine eigene Dynamik, eine eigene Plastizität haben. Sie sind die Grundlage jeglicher Entwicklung und gleichsam der »Wirkstoff« für das gesamte Leben. In welchem Verhältnis die beiden zueinander stehen, bleibt offen und hängt von den realen Gegebenheiten, den Motiven des Einzelnen, den gesellschaftlichen Bedingungen, den Zufällen und den Schicksalsereignissen ab.

Teil 1: Sexualität als Sein

Der Begriff Sexualität basiert auf dem lateinischen Wort sexus = Geschlecht und bedeutet »Geschlechtlichkeit«. Er beinhaltet drei menschliche Phänomene: »Geschlecht, weiblich«, «Geschlecht, männlich« und, seit 2018 auch rechtlich dokumentiert, »drittes Geschlecht«, auch »diverse« oder »eigene Geschlechts-Identität« genannt, weil es zwar (»chromosonal«) weiblich oder männlich ist, jedoch biologisch unbestimmbar. Deshalb wird es auch als Intersexualität oder Intergeschlechtlichkeit bezeichnet.

In der Konsequenz bedeutet dies: Es gibt keinen Menschen ohne biologische Geschlechtlichkeit.

1. Der Zufall und seine Folgen

Es ist äußerst spannend, den evolutionären Weg von der Ungeschlechtlichkeit zur Geschlechtlichkeit von Lebewesen zu verfolgen:

Die Entstehung der Sexualität ist einer der Hauptfaktoren und gleichzeitig ein Ergebnis der biologischen Evolution. Geschlechtslose Lebewesen, und zwar in Form von Einzellern (z. B. Bakterien), die sich durch Teilung bzw. Spaltung asexuell (vegetativ) fortpflanzen bzw. vermehren, gibt es seit ungefähr 3,5 Milliarden Jahren. Die Fortpflanzung und Vermehrung durch einfache Zellteilung führten fast ausschließlich zu genetisch identischen Nachkommen.

Die Entwicklung von genetisch unterschiedlichen Geschlechtern und Paarungstypen kann als Ausgangspunkt für die Entwicklung höherer Lebewesen angesehen werden. Vermutlich erst vor 600 Millionen Jahren entwickelte sich die Geschlechtlichkeit (Sexualität) von Lebewesen durch die Entstehung weiblicher und männlicher Geschlechtszellen. Am Ende dieser

Evolutionsphase ist die Fortpflanzung mit einer Vereinigung und Neuaufteilung der Genome (Gesamtheit aller Träger der Erbinformation einer Zelle) zweier Individuen verbunden. Im Ergebnis führt dies zu genetisch verschiedenen Nachkommen. Sexualität erhöht demzufolge die Variabilität der Individuen einer Population und damit die Fähigkeit zur Anpassung. Die Wahrscheinlichkeit, dass zwei verschiedene Genome vereinigt werden, wird dadurch erhöht, dass es mindestens zwei *verschiedene* Paarungstypen gibt. Dadurch, dass nur die Genome zweier *verschiedener* Paarungstypen vereinigt werden können, wird die Vereinigung von *identischen* Genomen verhindert. Bei den meisten Lebewesen kommen nur jeweils zwei Paarungstypen vor, die im Fall der Ogamie (Vereinigung einer großen unbeweglichen Eizelle mit einer kleinen, meist beweglichen männlichen Geschlechtszelle) als Geschlechter mit *männlich* und *weiblich* bezeichnet werden. Die Entwicklung eines durch Hormone gesteuerten Systems war ein weiterer Schritt der Evolution zur Herausbildung sexueller Verhaltensweisen.

Menschliche Geschlechtlichkeit

Der Weg zur Geschlechtlichkeit der *Menschen* (auch bezeichnet als Menschengeschlecht) war allerdings noch sehr, sehr weit, bis sich Menschenaffen entwickelten, was etwa vor ca. 250.000 Jahren (die Angaben schwanken) stattfand:

»Ob es uns gefällt oder nicht, wir gehören der großen und krawalligen Familie der Menschenaffen an. Unsere nächsten lebenden Verwandten sind Gorillas und Orang-Utans. Am allernächsten stehen uns jedoch die Schimpansen. Vor gerade mal sechs Millionen Jahren brachte eine Äffin zwei Töchter zur Welt: Eine der beiden wurde die Urahnin aller Schimpansen, die andere ist unsere eigene Ur-Ur-Ur-Großmutter.« (Y. Harari, Geschichte der Menschheit, S. 13)

Bei diesem Zitat kommen mir die Meinung bzw. der Glauben von Menschen aus meiner Kindheit in den Sinn: »Wir stammen doch nicht vom Affen ab. Wir sind doch die Krönung der Schöpfung, Gottes Geschöpf.«

Dass die Menschen (Homo sapiens) sich vermehren können, verdanken sie der Zweigeschlechtlichkeit, weiblich und männlich, mit dem evolutionären Ziel der Fortpflanzung. Die gesamten genetischen Informationen sind in jeder einzelnen Zelle des Organismus vorhanden, und zwar in Form von DNA, die in den Chromosomen repräsentiert sind. Bestimmte Chromosomen sind für die Geschlechtlichkeit des Menschen »zuständig«:

Jeder Mensch hat 23 Chromosomenpaare, 22 davon sind bei weiblichen und männlichen Personen äußerlich gleich, das 23. Chromosomenpaar, die Geschlechtschromosomen X und Y, sind genetisch unterschiedlich. Bei einer XX-Paarung entsteht ein weibliches und bei einer XY-Paarung ein männliches Individuum. Treffen Eizelle und Spermium (mit jeweils einfachem Chromosomensatz) aufeinander, kann entweder ein weibliches oder ein männliches Geschlecht entstehen. Die Eizelle bringt ein einzelnes X-Chromosom mit und das Spermium ein einzelnes X- oder Y-Chromosom. Bei der Befruchtung entsteht eine XX- oder XY-Paarung. Das heißt:

Wir alle sind – geschlechtlich – reiner Zufall der Natur. Fast acht Milliarden Erdbewohner haben zweierlei gemeinsam: das Menschsein und die Geschlechtlichkeit weiblich oder männlich.

Deshalb lautet die existenzielle Frage: Wie gehen wir mit diesem Zufall, mit dieser Beliebigkeit der Natur als Betroffene um? Zwischen den Polen absoluter Annahme und absoluter Ablehnung, ein ganzes Leben lang, was nicht bedeuten muss, dass diese sexuellen Orientierungen gleichbleibend sind: heterosexuell, homosexuell, bisexuell, transsexuell, asexuell, polysexuell, agender/queer (nichtbinär), demigender, pangender, cisgender, zusammengefasst als LGBTQI = Lesbian, Gay, Bisexual, Transgender, Queer und Intersex.

Von »fließender Identität« (gender-fluid) ist die Sprache, unterschiedlich und vielfältig, weil die sexuellen Verhaltensweisen dynamisch und nicht statisch sind, z. B. eben nicht: einmal Frau, immer Frau, einmal schwul, immer schwul.

Bio-Mediziner erklären diese Entwicklungsverschiedenheit der beiden Geschlechter durch sogenannte Verzweigungen in den ersten Wochen der Embryonalzeit: Weibliche und männliche Zellen berühren sich, nehmen Einfluss auf gegensätzliche Zellen, verbinden sich, mehr oder weniger stark, sodass weibliche und männliche Menschen entstehen, die jedoch nicht immer eindeutig, sondern geschlechtsspezifisch variabel sind und die bei der Weiterentwicklung (intra- und extrauteral) sowie durch Einflüsse von Hormonen und der Umwelt prägend, variabel und veränderbar sind.

Dass bisher lediglich von Mädchen und Jungen die Rede ist, ist auf die *gesellschaftliche* Vereinbarung zurückzuführen: Die Geschlechtsmerkmale bestimmen das Geschlecht. In Zukunft bestimmt der Einzelne sein Geschlecht selbst, was gar bis zu der Entscheidung gehen kann, kein Geschlecht zu haben, sondern (schlichtweg) Mensch zu sein.

Durch die gewollte oder ungewollte Zeugung, Embryonalzeit und Geburt entstehen wir Menschen, und im Laufe unseres Lebens erleben wir uns in der Spannung zwischen glücklicher Annahme und abgrundtiefer Ablehnung, himmelhochjauchzend und todesbereit, suchend und findend, hin- und hergerissen, bewusst und unbewusst, überzeugt und schwankend, gegenwärtig und zukunftsbange … und inzwischen frei in der Wahl der Geschlechtlichkeit.

Ich bin noch nie auf den Gedanken gekommen, meine männliche Geschlechtlichkeit verändern zu wollen, und stelle mir jetzt vor, wie es mir wohl ginge, wenn ich transsexuelle Veränderungswünsche hätte.

Wie auch immer: Ich bleibe Mensch.

Michael Hatzius jedoch, Kabarettist und Puppenspieler, durch seine Figur *ECHSE* bekannt geworden, lässt diese zum Publikum sagen: »Sie haben es leicht, weil Sie es nur mit *einer* Art zu tun haben, nämlich dem MENSCHENgeschlecht. Ich habe es da viel schwerer, weil ich ein TIER bin und mit vielen Arten zurechtkommen muss.« Das gibt zu denken.

Schon im Mutterbauch haben wir Empfindungen und spüren »Lebendigkeit«. Irgendwann nach der Geburt beginnen wir wahrzunehmen, dass wir »jemand« sind, dass es viele andere Jemands neben uns gibt – und nun beginnt ein Prozess in verschiedenen Stufen und in unterschiedliche Richtungen:

Nach unseren Wahrnehmungen schließen sich möglicherweise beliebige oder genaue und teilweise gezielte Beobachtungen an. Daraus können unterschiedliche Erfahrungen, Kenntnisse und Erkenntnisse entstehen, die Empfindungen und Gefühle, Zustimmungen, Verunsicherungen und Ablehnungen auslösen. Wir erkennen die vielfältigen Unterschiede von uns Menschen (Aussehen, Prägungen, Verhaltensweisen, Haltungen u. a. m.). Wir beginnen zu vergleichen, wir bewerten, wir entscheiden und gelangen schließlich zu eigenen Erkenntnissen, Handlungen und Identitäten bezüglich unseres Seins und Lebensstils und vor allem unserer sexuellen Orientierung – als kleines Kind, als Mädchen und Jungen, als Frau und Mann, als Ältere und Alte und schließlich als Hochbetagte in der Dynamik von Stabilität und Instabilität, Beibehaltung und Veränderungen, Umwandlungen und Zerrissenheit, physisch und psychisch.

Dieser Prozess ereignet sich ein Leben lang, vom ersten bis zum letzten Atemzug, betrifft also alle Menschen, in jeder Zeit und jeder Lebensspanne, und findet sowohl in uns selbst als auch inmitten unserer Umwelt statt. Er ist durch unsere Begegnungen mit Menschen beeinflusst, am stärksten durch die Erziehung, durch unsere Erlebnisse und Erfahrungen, durch glückliche Momente und liebevolle Beziehungen, durch schmerzliche Trennungen, schockierende Krankheiten, traumatische Schicksalsschläge, durch kulturelle und politische Ereignisse und durch Veränderungen in der Natur und globale Krisen (das jüngste Beispiel: die Coronapandemie!).

Die einzige Konstante in unserem Leben sind die Veränderungen in unserer inneren und äußeren Welt.

In diesem Prozess erfahren wir, dass wir entweder weibliche oder männliche Menschen und nur dann divers sind, wenn diese Merkmale nicht genau bestimmbar sind. Dies sind *biologische* Bezeichnungen. Alle anderen, wie Frau und Mann, Knechte und Mägde, Untertanen und Könige, Herrscher und Sklaven, sind gesellschaftliche Benennungen:

»Die meisten Gesetze, Regeln, Rechte und Pflichten, die Männlichkeit und Weiblichkeit definieren, haben mehr mit der menschlichen Fantasie zu tun als mit der biologischen Wirklichkeit [...]. Der Mann ist vielmehr ein männlicher Angehöriger einer erfundenen männlichen Geschlechtsordnung [...]. Eine Frau ist vielmehr eine weibliche Angehörige einer erfundenen menschlichen Ordnung [...]. Das biologische Geschlecht ist Kinderkram, aber das gesellschaftliche Geschlecht ist eine todernste Angelegenheit.« (Y. Harari, S. 186 f.) Und Simone de Beauvoir betont 1945, mit 37 Jahren: »Man wird nicht als Frau geboren, man wird dazu gemacht.«

Historisch betrachtet werden die weiblichen Menschen gegenüber den männlichen Menschen bis auf den heutigen Tag zumeist persönlich, familiär, sozial, gesellschaftlich, beruflich, wirtschaftlich und politisch benachteiligt – und müssen zwangsweise hierarchisch leben und feministisch kämpfen.

Hierarchien, ursprünglich aus dem Priesterstand kommend = heilige Rangordnung, hat es in der Geschichte der Menschen schon immer gegeben:

Hierarchie hat »in allen bekannten Gesellschaften eine zentrale Rolle gespielt: die Hierarchie der Geschlechter. In jeder Gesellschaft gibt es Männer und Frauen, und in jeder, aber auch in jeder Gesellschaft werden Männer gegenüber Frauen bevorzugt.« (Y. Harari, S. 180 ff.).

Einige Beispiele

* China, 12. Jahrhundert: Kam ein Kind an einem Jiayin-Tag zur Welt, dann war es ein Unglück, wenn es ein Mädchen war.

* Im Athen des 5. Jahrhunderts v. Chr. galt ein Mensch mit einer Gebärmutter nicht als juristische Person.

* Vom »jus primae noctis« machten viele Herrschenden Gebrauch.

* In vielen Gesellschaften waren Frauen Eigentum bzw. Besitz der Männer (Väter, Brüder, Gatten).

* Ein Ehemann hatte die volle Herrschaft über die Sexualität seiner Frau.

* Im Jahr 2006 gab es noch immer 53 Länder, in denen ein Mann nicht für die Vergewaltigung seiner Frau belangt werden konnte.

* In Deutschland wird der Tatbestand der Vergewaltigung in der Ehe erst seit 1997 anerkannt, in Österreich und in der Schweiz sogar erst seit 2006.

* Männer benutzen ihre Muskelkraft für Gewalttätigkeiten Frauen gegenüber und ihre Vormachtstellung in weiten Bereichen des gesellschaftlichen Lebens für Dominanzherrschaft (dominus, lat. = der Herr, deshalb auch HERRschaft!).

Und bis in die heutige Zeit: Gewalt, Zwang, Unterdrückung, Vorherrschaft usw. mit politischen, wirtschaftlichen, gesellschaftlichen, beruflichen, privaten und persönlichen Motiven.

Das Patriarchat »lässt grüßen«, offen und durch manche Hintertür.

Ein gravierendes Beispiel aus dem Bereich der deutschen Politik (ab dem Jahr 1949) zeigt diese Haltung. T. Körner, Journalist, hat ein Buch mit dem Titel veröffentlicht: In der Männer-Republik. Wie Frauen die Politik eroberten (Köln 2020): »Viele Jahrzehnte waren Frauen im politischen Betrieb eine Ausnahme. Politik war Männersache.« (U 2) Im ersten Kabinett Adenauer war keine Frau vertreten, und bis zum heutigen Tag sind sie in der Politik in erheblicher Minderheit. Der Autor weist nach, was Frauen in der Politik ertragen, erdulden, erleiden mussten: Ignoranz, Hohngelächter, Bloßstellungen, Abwertungen, Erniedrigungen, verbale und gestische Missachtungen, und wie sehr sie um ihre Gleichberechtigung kämpfen mussten.

Um jedoch nicht einseitig zu sein: Männliche Menschen leiden ebenfalls unter dieser *Herr*schaft, weil sie nicht so sein wollen und nicht so sind wie ihre männlichen Mitmenschen. Ihre Gene und Sozialisationen weisen u. a. auf Sozialfähigkeit, Empathie, Kooperation hin, während die Gene und Sozialisation der ehrgeizigsten, aggressivsten und konkurrenzfähigsten Männer nach wie vor die Oberhand behalten:

»Wie kam es, dass eine vermeintlich kooperativere Gruppe, nämlich die Frauen, von einer vermeintlich weniger kooperativen Gruppe, nämlich den Männern, beherrscht wird? Das ist die große Frage in der Geschichte der Geschlechter, und auf sie haben wir bislang keine überzeugende Antwort.« (Y. Harari, S. 195, 197)

Aus dieser Ungleichheit im *zwischenmenschlichen Umgang* entstand das Bemühen der Frauen um Gleichheit in Form der sogenannten Emanzipation, ursprünglich »die Entlassung des Sohnes aus der Gewalt des Vaters bzw. die Freilassung von Sklaven« (!) mit dem späteren Bedeutungswandel, die patriarchalische Struktur zu brechen. Es brauchte also keine Emanzipation, wenn die Gleichwertigkeit und Gleichstellung der weiblichen und männlichen Menschen Realität wären.

Deshalb musste es das Bestreben von Männern sein, sich als Mann so zu geben und zu verhalten, dass *Frauen* ihnen gegenüber nicht in den Zugzwang kommen, sich emanzipatorisch verhalten zu müssen. Autonom und authentisch zu sein, ist bereits schwer genug.

* Viele Lehrpersonen sagen (sich) immer noch, dass sie die Schüler:innen *gleich* behandeln. Meine Antwort darauf lautet: Bitte nicht, denn Sie haben immer Ungleiche vor sich, die ungleich (= individuell) behandelt werden wollen.

Die Geschichte, die Politik, die gesellschaftlichen Prozesse, die Literatur und andere Künste, die Alltagserfahrungen zeigen uns gelungene Beziehungen, erfüllte Paarschaften, dauerhafte und gescheiterte Verbindungen, glückliche Konstellationen, Wirrungen und Irrungen bei Trennungen.

All das begegnet uns im Leben, sodass das Ja und Nein zum eigenen Geschlecht, die Fragezeichen, die Zweifel und die Änderungen unsere Begleiter sind. Letztlich geht es um die Übereinstimmung unseres Selbst mit der wie auch immer gearteten Natur oder im Widerspruch zu ihr und, um im Bild zu bleiben: Ich stehe mit beiden Beinen auf dem Boden der Wirklichkeit oder ich schwanke ständig von einem Bein zum anderen und bin dadurch grundsätzlich instabil, körperlich wie seelisch.

Das Ja zum eigenen Geschlecht bedeutet jedoch nicht, den unnatürlichen Himmel auf der natürlichen Erde zu haben. Die Natur kennt Wachstum, Entfaltung, Unterschiedlichkeiten, Leben, Überleben und Sterben, Konstruktion und Destruktion, Essen und Gefressenwerden, sodass die Entscheidung hin zur eigenen Natürlichkeit bisweilen extrem schwerfällt zwischen den extremen Polen Suizid (das Nein zum Leben) und Selbstakzeptanz (das Ja zum Leben), in welchem »geschlechtlichen Gewand« auch immer.

Das Glück und das Unglück

Sie sind die beiden Eckpfeiler im Spannungsfeld der Möglichkeiten, die eigene Sexualität als Seinsweise zu betrachten, zu reflektieren und entsprechend zu verwirklichen. Zwischen ihnen gibt es eine Fülle von Variationen, die alle subjektiv im Fluss des Lebens, in Augenblicken und Langzeitversionen, häufig gekoppelt mit der Frage nach dem Sinn des Lebens und dessen Bejahung oder Verneinung, angesiedelt sind.

Bereits die *biologische* Betrachtung im Vergleich weiblich–männlich legt den Schluss nahe, die weibliche Version sei benachteiligt bzw. belasteter

(Menstruation, Schwangerschaft, Geburt, Erziehung, Wechseljahre) als die männliche. Dies ist aber nicht der Fall, wenn man die Fülle in der Verschiedenheit an Befragungen und Meinungen wahrnimmt und zusätzlich die physischen, psychischen, sozialen, familiären, beruflichen, gesellschaftlichen, politischen und historischen Ursachen in Betracht zieht.

Sie zusammen ergeben ein Gesamtbild, das eindeutig zeigt, dass die subjektiven Entscheidungen der weiblichen und männlichen Menschen universale Ausmaße annehmen: für die einen Glück, für die anderen Unglück, Wunderbares und Katastrophe, herbeigesehnt und verflucht, selbstverständlich und irritiert, Gottes Geschenk und schicksalsträchtig, gegeben und erduldet, akzeptierter Zufall und ereigneter Unfall.

Die biologischen Tatsachen werden allerdings zunehmend von Menschen durchbrochen, umgangen oder durch zwei Arten der »Geschlechterumwandlung« verändert:

a) äußerlich: mittels Transvestismus (trans: hinüber, vestire: kleiden): Durch entsprechende Kleidung, Accessoires, Aussehen, Gestik u. a. wird die Wandlung in das jeweils andere Geschlecht vollzogen.
b) innerlich: mittels Transsexualität. Durch medizinische/operative Behandlungen (2019: 2.324 Umwandlungen in der BRD) mutiert das bisherige Geschlecht bleibend in das Gegengeschlecht.

Die Motive von Menschen für ihre geschlechtliche Umwandlung sind biologischer, rationaler und emotionaler Natur und werden von der isie umgebenden Umwelt beeinflusst.

Vermutlich werden die Errungenschaften, Forschungen und Techniken der Genetik es ermöglichen, dass sich die geschlechtlichen Abhängigkeiten reduzieren, sodass sich die persönlichen Orientierungen und Wünsche dadurch verändern bzw. entsprechend erfüllt werden können.

Die fast acht Milliarden Menschen auf unserer Erde sind mit ihrer eigenen Geschlechtlichkeit konfrontiert. Sie können sie im Prozess ihres gesamten Lebens negieren, thematisieren, bejahen oder verneinen und (im

Rahmen der Möglichkeiten) dann entscheiden, wie sie ihre Geschlechtlichkeit in ihre Persönlichkeit integrieren.

Ein bedeutsames Phänomen ist in diesem Zusammenhang das SELBSTbewusstsein und als Folge die Selbstbestimmung, die gleichsam die Führungsrolle auf dem Weg zu Klärungen, Entscheidungen und entsprechenden Verhaltensweisen übernehmen.

2. Selbstbewusstsein und Respekt

In den nächsten drei Abschnitten geht es um sechs zwischenmenschliche Haltungen: Selbstbewusstsein, Respekt, Wertschätzung, Empathie, Erziehung und Beziehung, die alle zentrale Bedeutung für die Gestaltung und das Zusammenleben von uns *Menschen* haben.

Faktisch gibt es immer noch keine übergreifende Menschensolidarität (und dies als Artgleiche), sondern eine Solidarität zwischen Frauen als Unterdrückte und zwischen Männern als Unterdrücker, ganz abgesehen von den Feindseligkeiten und Kriegen seit Jahrtausenden unter den Menschen generell.

Die Haltungen im Bereich der Kommunikationen, die ich im Folgenden ausführe, beziehen sich deshalb auf die weiblichen *und* männlichen Menschen, mit dem Ziel, zu zeigen, wie anstelle der Geschlechterkriege mit Siegern und Verliererinnen Solidarität der beiden Geschlechter untereinander zu erreichen ist, einschließlich der Konsequenz, auch sexuelle Gewalt einzugrenzen und zu minimieren.

»Unsere Probleme sind von Menschen gemacht und können von Menschen gelöst werden. Denn letzten Endes ist unsere tiefe Gemeinsamkeit, dass wir alle diesen Planeten bewohnen. Wir alle atmen dieselbe Luft, wir alle hoffen für die Zukunft unserer Kinder und wir alle sind sterblich.« (J. F. Kennedy, vor ca. 60 Jahren, gefunden in: E. v. Hirschhausen, S. 482.)

Wir sind alle ICH-Menschen, auch wenn wir in unseren Kommunikationen sprachlich oft weit davon entfernt sind, z. B. durch Beschimpfungen, Vorwürfe, Beleidigungen und verletzende Äußerungen.

Und deshalb steht auch das ICH = das *Selbst*bewusstsein in der Betrachtung an erster Stelle.

Das *Selbstbewusstsein* besteht im Kern aus vier Phänomenen, aus *Empfindungen* (Schmerz, Geborgenheit, Scham, Nähe), *Gefühlen* (Freude, Trauer, Glück, Schuld), *Denken* (Descartes: »Ich denke, also bin ich.«) und *Verhaltensweisen* (Tatkraft, Willensstärke, Sicherheit, Hilfsbereitschaft).

Bekannt ist besonders der Satz bei der Beobachtung von Menschen, die etwas Ungewöhnliches darstellen: O, da brauchst du aber Selbstbewusstsein! Oder bei mangelnder Leistung: Ich habe zu wenig Selbstbewusstsein. Oder in zwischenmenschlichen Beziehungen: Ich bin mir bewusst, dass ich jemanden verletzt habe; dass ich empathisch bin; dass ich schnell beleidigt reagiere; dass ich tausend Ideen habe, usw.

Das Selbst als »Zentralorgan« unserer Persönlichkeit

Es enthält z. B. auch das Bewusstsein, als Mensch entweder weiblich oder männlich zu sein, wobei dieses Bewusstsein von Anfang an durch die Einflüsse der sogenannten Erziehung und durch die Umwelt geprägt werden.

Das Selbst kennt keine Geschlechtlichkeit im Sinne von »typisch Frau, typisch Mann«. Auch wenn sie schwanger werden und Kinder gebären können, bedeutet das in keiner Weise, dass es nicht auch andere Tätigkeiten oder Berufe gibt, die nicht von weiblichen Menschen ausgeführt werden können. (Im Jahre 2017 war unter den 50 besten Dirigent:innen auf der Welt keine einzige Frau. Welche Missachtung!)

* Ich bin bei Bekannten zu Besuch. Ein Junge, vier Jahre alt, führt mich, unaufgefordert, in sein Zimmer, deutet auf ein Poster und sagt: »Das kann ich alles schon.« Sein Gesicht strahlt. Ich sehe Gemaltes, Gezeichnetes: einen Nachttopf, eine Zahnbürste, einen Schuh, ein Dreirad, ein

Messer, ein Hemd, einen Teller und noch einige andere Gegenstände. »Mein Papa hat mir geholfen. Wenn ich schreiben kann, dann mach ich ein Extraposter.«

* Unsere Tochter, 12 Jahre alt, fragt mich: »Papa, wie werde ich selbstbewusst?« Meine Antwort: »Ich gebe dir einen Tipp: Du schreibst auf, was du an einem normalen Werktag alles gemacht hast. Jeder Satz muss mit ICH beginnen.« Einige Tage später zeigt sie mir ein Blatt mit 14 ICH-Sätzen. »Das habe ICH heute alles gemacht.« Sie ist sichtlich stolz. Ich auch!

Beiden Kindern wurde ihr ICH, ihr Selbst bewusst durch *Selbst*wahrnehmungen und -erfahrungen. Und wie oft wird ihnen ihr ICH von anderen genommen. Bereits Vierjährige bekommen pro Tag zwischen 250 bis 350 Appelle, Fremdbestimmungen, Abwertungen, Missachtungen: »Du bist ja nur ein Mädchen; Heulsuse; Jungen weinen nicht. Reiß dich zusammen! Papa weiß es besser. Du täuschst dich! So kannst du das nicht sagen! Das wirst du nie schaffen. Mit dir muss man sich ja schämen. Lass dich nicht so hängen! Stell dich nicht so an! Weichei! Feigling! Sei nicht so eigensinnig!«

Durch solche Sätze werden die Angesprochenen »DU-trainiert«. Ihr ICH wird vernachlässigt, sogar übersehen. Ihr eigenes Selbst wird lieblos behandelt.

Und weil Kinder (noch) abhängig in ihrer Entwicklung, hilfebedürftig, auf der Suche nach ihrem Selbst sind, Schutz brauchen und sich nicht wehren können, wirken sich diese verbalen Tötungen des SELBST extrem negativ auf ihre Persönlichkeitsentwicklung aus. Nehmen wir die Erziehungs- und Strafmaßnahmen, die körperliche und seelische Gewalt hinzu, dann entstehen zwei entscheidende menschliche Haltungen und Verhaltensweisen bereits in der Geschlechtserfahrung in der Kindheit:

Als Mädchen und Jungen blind zu gehorchen oder widerständig zu agieren vor dem Hintergrund der Tiefenerfahrung: Ich bin nichts wert! Ich gelte nichts. Meine Bedürfnisse und Wünsche werden negiert.

Und später, in zwei Richtungen:
1. Die Pubertät ist u. a. auch der Raum, in dem Kinder und Jugendliche

auf der Suche nach ihrer Identität sind. Wird diese Suche von Erwachsenen unterstützt, wohlwollend begleitet und beschützt, dann haben die Heranwachsenden weitaus weniger Hürden zu überwinden. Ihre Weiterentwicklung geschieht dann fast von selbst auf natürliche Weise durch die Einstellungen der Erwachsenen: lassen, zulassen, schützen – und sie selbst, die Jugendlichen, müssen nicht »pubertär ausflippen«, sondern können sich *ent*falten, entsprechend ihren genetischen, körperlichen und seelischen Gaben. Wachstum entsteht durch Begleiten und Fördern und nicht durch Zwangseinflüsse.

2. Weil ich von Kindheit an Widerstand und Abwertung, Missachtung und Gewalt erfahren habe, weil mein eigenes ICH mir geraubt worden ist, hole ich es mir bei anderen gewalttätig zurück und übe Gewalt aus. (Näheres siehe auch Teil 3: Das Hauptmotiv für sexuelle Gewalt ist MACHT.)

Wirklich liebende Menschen sind nicht selbstlos. Nur wenn ihr eigenes Herz schlagen darf, wird es auch für andere gesund schlagen können (anstelle von Fäusten der Gewalt).

Ohne ein starkes ICH gibt es keine förderlichen Beziehungen.

Sich selbst zu lieben, ist die beste Voraussetzung, um andere zu lieben. Wessen ICH übersehen wird, der raubt es anderen, um »überleben« zu können.

Wenn ich in meinen Kursen Menschen über ihr Selbst befrage, bekomme ich meist folgende Antworten:
- Ich habe eher Zweifel an mir statt Selbstbestätigungen.
- Ich frage mich eher, was ich falsch gemacht habe.
- Ich bin mir gegenüber skeptisch eingestellt.
- Ich traue anderen mehr zu als mir selbst.
- Mein Selbstwertgefühl gerät bisweilen ins Wanken.
- »Ich kann das ja doch nicht«, sagt meine innere Stimme.

– Wenn ich vor Aufgaben gestellt werde, dann fühle ich mich sofort
   minderwertig
und sage den Satz: »Kann ich ja doch nicht.«

Ich wurde einmal gefragt, ob ich Situationen kenne, denen ich mich nicht
gewachsen fühle. Und ich sagte: »Nein« und fand dies zunächst überheb-
lich und arrogant, bis ich ergänzte: »Nein, weil ich in Situationen, denen
ich mich nicht gewachsen fühle, jeweils sage: Ich fühle mich dem und
dem nicht gewachsen.«

Selbstwertgefühl

Drei Begriffe stecken in diesem Wort:

Das Selbst: Es geht um mich selbst und nicht, wie von Kindheit an öfter
gepredigt wurde und wird: Der Esel nennt sich selbst zuerst.
   Nein, nicht der Esel, sondern der selbstbewusste Mensch, weil er weiß,
dass der Kontakt und die Beziehung zu anderen beim ICH, beim Selbst
beginnen. Nimmt das ICH allerdings einen zu großen Raum ein, dann
sprechen wir von Egozentrik und Narzissmus (eine Mischung aus Egoismus, Selbstherrlichkeit und Arroganz).

Der Wert: Dieser Begriff kommt aus der Welt des Handels. Je nach Werteinschätzung und dem Wert materieller oder immaterieller Güter ergeben
sich die gegenseitigen Austauschmodalitäten. Später findet sich der Begriff
in der Selbsteinschätzung und den zwischenmenschlichen Beziehungen,
nämlich Selbsteinschätzung durch Erfahrungen und Reflexion: Ich bin.
Ich bin da. Ich kann. Ich leiste. Aus der *Werteinschätzung* wird dann
Wertschätzung: Ich mag dich. Ich bin gern mit dir zusammen. Ich schätze
an dir. Ich liebe dich.
   Wirkliche Selbst- und Fremdeinschätzung erfolgen jenseits der Geschlechtlichkeit und nicht, wie es häufig der Fall ist, geschlechtsbezogen:

weil du ein Mädchen, eine Frau bist; weil du ein Junge, ein Mann bist. Hast du Vor- und Nachteile, wirst du weniger oder mehr geschätzt, erfährst du weniger oder mehr Zuwendung – es ist ein noch weiter Weg von der männlichen Vorherrschaft bis zur authentischen Gleichwertschätzung als Mensch.

Das Gefühl: Das Wort Selbstwert wird häufig in Kombination mit dem Wort Gefühl, dann als Selbstwertgefühl verwendet, wodurch noch stärker die Persönlichkeit zur Sprache kommt, negativ und positiv: Ich fühle mich abgelehnt. Ich fühle mich ausgenützt. Ich fühle mich stark. Ich habe das Gefühl, nicht anerkannt zu sein. Mein Bauchgefühl sagt mir. Ich fühle mich angenommen, verstanden.

Menschen mit starkem Selbstwertgefühl sind selbstbezogen *und* empathisch anderen gegenüber, sagen ihre Meinung *und* achten die der anderen, brauchen nicht den Satz: »Ich muss Ihnen heftig widersprechen!« Sondern: »Ich bin anderer Meinung.« Und sie pflegen statt einer Streit- eine Gesprächskultur.

Sie sind sich selbst nahe und deshalb von Neid, Missgunst, Bloßstellung, Intoleranz entfernt. Sie können sich abgrenzen und unabhängig sein.

Verhaltensweisen also, die Machtmenschen fehlen, was eine Wurzel für späteren Machtmissbrauch sein kann, auch den sexuellen, falls weitere ungünstige Ereignisse und Einflüsse Wirkmächtigkeit haben.

* Meine Frau hat einen selbstbewussten Charakter, auch jetzt mit 92 Jahren im Dauerrollstuhl. Sie ist u. a. in der Lage, Abschied von einer Vielfalt von Lebensformen zu nehmen, neidet niemandem dessen Gesundsein, kann frei um Hilfe und Beistand anderer bitten, hadert nicht mit dem Schicksal.

* Während eines Podiumsgesprächs unterbrach ein Teilnehmer häufig die Äußerungen eines anderen, worauf dieser sagte: »Ich habe den Eindruck, meine Meinung interessiert Sie nicht.« – »Neee«, meinte sein Gegenüber.

»Dann werde ich sie Ihnen auch im weiteren Verlauf nicht mitteilen«, bekam er zur Antwort.

Menschen mit starkem Selbstwertgefühl brauchen keine Gewalt, um sich durchzusetzen oder über andere zu herrschen, weil sie ganz bei sich sind in Übereinstimmung mit ihrem Selbst und in Bezug zu anderen. »ICH bin ganz bei Ihnen« lautet der Satz, in einer Balance von ICH und DU.

Respekt

Das Wort Respekt stammt aus dem Lateinischen und bedeutet: zurückschauen, Rückschau (respicere). Im Laufe der Zeit wurde aus dem Zurückschauen das achtsame Hinschauen, was durch die Überfülle an Einwirkungen fast aus der Mode gekommen ist. Dennoch hat es eine hohe Bedeutung im Umgang mit Menschen und ihren Beziehungen, was bereits sprachlich zum Ausdruck kommt: respektvoll sein; einen Heidenrespekt haben; er/sie begegneten ihm/ihr mit Respekt; ich habe Respekt; Respekt zollen.

Achtung, Anerkennung, Hochachtung, Bewunderung sind ebenso Begriffe, die eine zwischenmenschliche Haltung im Kontext der Sexualität zeigen im Gegensatz zu Wörtern wie Missachtung, Verachtung, Abwertung.

Respektvolles Verhalten besteht aus Zuneigung und notwendiger Distanz und kennt keine distanzlose Kumpanei, Vereinnahmung und Übergriffigkeit.

Jede Beziehung braucht Nähe, die dann respektlos wird, wenn sie zur Distanzlosigkeit ausartet. Förderlich ist eine Beziehung dann, wenn sie eine Balance von liebevoller Nähe und achtsamem Abstand aufweist.

Wertschätzung zwischen Menschen, den weiblichen wie den männlichen, ereignet sich deshalb immer dann, wenn diese Balance vorhanden ist und gelebt wird und diese auch wesentlich in sexuellen Beziehungen ist.

Spannend ist es, was bei Menschen vorgeht, wenn sie miteinander kommunizieren, weil dieselben Mitteilungen sowohl als Ausdruck von Interesse, Anteilnahme und Nähe als auch als Ausdruck von Neugierde und Distanzlosigkeit gedeutet werden können oder ehrlich gemeint sind, aber verletzend ankommen, besonders, wenn die Personen sowohl kulturell verschieden sind als auch verschiedenen Generationen angehören. Respektvoll oder respektlos?

* Sind Sie schwul/lesbisch? – Wie alt sind Sie? – Haben Sie Kinder?

* Opa, hast du noch Sex mit der Oma? – Wie viel verdienen Sie?

* Ich jogge, 78 Jahre alt. Zwei Jungen überholen mich und rufen: »Hey, Opa!«

Ich: »Viel Spaß« und winke. Sie winken zurück.

* A: »Ich habe großen Respekt vor deinen Leistungen.«

B: »Na ja, so toll sind sie auch wieder nicht.«

* Ich bin Teilnehmer einer Talkrunde. Eine Expertin erläutert umfangreich einen Sachverhalt. Eine Frau neben mir ist sehr beeindruckt von ihr und sagt, voller Bewunderung, zur Referentin: »Sie haben sicher Abitur.« Und wird daraufhin von ihr angefaucht: »Sie wissen wohl nicht, wer ich bin.« Stille in der Runde. Tränen in den Augen der Frau. Respektvoll gesendet, respektlos gekontert.

Schon von Kindheit an ist es von großer Bedeutung für die soziale Entwicklung, Erfahrungen von Respekt, Nähe und Eigenständigkeit machen zu können, zu dürfen, um Respektlosigkeit erst gar nicht aufkommen zu lassen und Übergriffe Personen gegenüber im Keim zu ersticken.

3. Wertschätzung und Empathie

Wertschätzung zwischen Menschen ist ein hohes Gut, quasi ein Schatz, der zwischenmenschlich nicht ohne Weiteres realisiert werden kann, weil dazu eine außergewöhnliche Haltung vonnöten ist und diese nicht jedem Menschen gegenüber praktiziert werden kann.

Wertschätzung in der Praxis

Fragt man Erwachsene, was für sie Wertschätzung bedeutet, so nennen sie Begriffe wie Achtung, Anerkennung, Hochachtung, Würde oder achten, bewundern, fair sein.

Kinder und Jugendliche können mit dem Begriff wenig anfangen, sagen jedoch Wörter, durch die sie Wertschätzung erfahren, z. B.: Wenn Mama und Papa mich mögen, loben, liebhaben, an mein Zimmer klopfen; wenn andere mich ausreden lassen, nicht schimpfen, meine Meinung gelten lassen, mich entscheiden lassen, mir Freiheit geben, zuhören statt labern, fair und gerecht sind.

Damit ist gesagt, dass Wertschätzung dann einen Sinn hat und ankommt, wenn sie im Umgang mit anderen *erlebt, erfahren* wird.

Dahinter steht die Haltung gegenseitiger Achtung, Akzeptanz und des Seinlassens. Wertschätzung besteht dann aus einer Mischung von Haltung und Verhalten, von humaner Einstellung und adäquatem Handeln, insgesamt eine persönliche und soziale Leistung, die nicht selbstverständlich, sondern von einer Reihe von Faktoren abhängig ist: Genese, Erziehung, Umwelt, Schicksale, Begegnungen, Episoden der eigenen Lebensgeschichte.

Gerade sie ist eine Fundgrube von Situationen, auf Menschen zu treffen, die man wertschätzen kann, die man wertschätzen möchte – jedoch auch diejenigen, die man absolut unsympathisch findet, und zwar beiderlei Geschlechts.

* Ein Vater berichtet in der Supervisionssitzung: »Mein Sohn (17) geht mir total auf den Wecker. Ich finde ihn einfach unsympathisch und habe keinen Zugang mehr zu ihm. Das fängt schon bei seiner Kleidung an und geht bis zum persönlichen Verhalten. Und was mir am meisten zu schaffen macht: Er ist doch mein Kind und hat das Recht auf faire Behandlung, die ich ihm aber nicht garantieren kann, und ich selbst bekomme deswegen Schuldgefühle.«

Der Vater erlebt sich zwischen dem Anspruch, seinen Sohn fair zu behandeln, und seinen Empfindungen und Gefühlen.

* Eine Mutter kommt in die Beratung und beklagt sich über ihren neunjährigen Sohn, mit dem sie überhaupt nicht fertig wird. Mit Tränen in den Augen und einem »Mischgefühl« aus Wut, Hilflosigkeit und Schuld sagt sie: »Manchmal wünsch ich ihn zum Teufel. Und wenn ich diese Gedanken habe, dann komme ich mir ganz schlecht vor.«

Die Mutter ist in ihrer Hilflosigkeit und ihren schlechten Gedanken eingezwängt.

Zwischenmenschliche Begegnungen, Beziehungen, Konstellationen (Ehen, Familien, Berufsgruppen, Vereine u. a. m.) entstehen aufgrund freiwilliger Entscheidungen, aber auch durch Zufälligkeiten, Sachzwänge, Notwendigkeiten, Fremdbestimmungen und Schicksalsereignisse. Insofern ist es, wenn Menschen zusammentreffen, gewöhnlich, dass sie sich sympathisch oder unsympathisch, anziehend oder abstoßend finden, mit all den dazugehörigen divergierenden Empfindungen, Gefühlen und Gedanken.

Zweierlei ist möglich: Zum einen gibt es wirklich Menschen, die man (gedanklich) »zum Teufel wünscht«, die einem unsympathisch sind und mit denen man wirklich nichts zu tun haben möchte. Zum anderen besteht aber auch die Möglichkeit, dass man Menschen ablehnt, weil deren (unsympathisches) Verhalten an eigenes, unerwünschtes Verhalten erinnert.

* Ich bin als Schüler von meinen Lehrern öfter als ein »lebendiges Kerlchen« erlebt und deshalb oft gelobt worden. Das tat mir gut. Manchen

aber ging diese Lebendigkeit auf den Wecker, und sie nannten mich »Hektiker«. Dies gab mir immer einen Stich und tat weh. Noch heute habe ich Schwierigkeiten, wenn ich auf hektische Menschen treffe. Sie sind mir bisweilen unsympathisch, weil ich durch sie mit meiner eigenen Hektikvergangenheit (wieder) konfrontiert werde.

Gehen wir (auch) auf die Suche nach dem *Unsympathischen* in uns selbst. Gehen wir auf die Suche nach dem *Sympathischen* in uns selbst.

* Ein Lehrer zu einem Schüler: »Weißt du, manchmal kann ich dich wirklich nicht ausstehen, und dann wieder könnt' ich locker auf ein Bier mit dir gehen.« Der Schüler grinst ihn an und sagt: »Sehen Sie, so geht's mir auch«, holt aus der Tasche eine Colabüchse, öffnet sie zischend und prostet dem Lehrer zu.

So ist das mit den zwischenmenschlichen Beziehungen, mit Nähe und Distanz. Weil Gefühle und Emotionen u. a. der »Motor für unser Handeln« sind, ist es notwendig, sich der »unsympathischen Gefühle« bewusst zu werden und sie sich zuzugestehen. Erst dann und dadurch ist es möglich, einen Zugang zu den »Unsympathen« zu finden und mit ihnen alltagstauglich umzugehen, mit Gleich- und Ungleichgeschlechtlichen, was später bei Dates oder beim Kennenlernen in sexuellen Beziehungen eine große Rolle spielen wird.

Ich zeige Ihnen eine Übung, wie Sie mit unsympathischen Personen förderlich und sozialverträglich umgehen können:

Teil I: Setzen Sie sich bitte auf einen Stuhl und postieren Sie einen anderen Stuhl gegenüber, auf dem eine Person sitzt, die Sie sehr unsympathisch finden. Notieren Sie nun, was Sie an ihr nicht mögen und wie Sie sie erleben, z. B.: arrogant, abweisend, feige, hinterhältig usw., und notieren Sie Ihre Gefühle, die Sie ihr gegenüber haben (z. B. Abscheu, Wut, Ärger usw.). Notieren Sie dann, was Sie jetzt am liebsten machen *würden* (z. B. ihr die Meinung sagen, nicht mit ihr reden, weggehen usw.).

Damit hat sich folgender Dreischritt ergeben:

Aus Ihrer   entstanden   und daraus
BEWERTUNG   GEFÜHLE   HANDLUNGEN

Teil II: Stellen Sie sich diese Person wieder vor, und notieren Sie, was Sie *hinter* dem unsympathisch Sein bei ihr finden. Vielleicht ist sie doch nicht so arrogant, abweisend. Vielleicht steckt doch noch etwas anderes (Annehmbares, Liebenswertes usw.) dahinter? Vielleicht versteckt sie etwas, traut sich nicht, ist gehemmt, unsicher?

Notieren Sie Ihre Gefühle, die Sie ihr gegenüber haben, wenn Sie *dahinterblicken* (vielleicht Mitleid?).

Notieren Sie, was Sie jetzt tun *würden* (vielleicht doch mit ihr reden?).

Es hat sich wiederum ein Dreischritt ergeben:

Aus Ihrer (anderen?)   entstanden (andere?)   und daraus (andere?)
BEWERTUNG   GEFÜHLE   HANDLUNGEN

Hinweis: Diese Umbewertung geschieht zunächst nur mental mit der jeweiligen Person, kann aber auch direkt im Gespräch mit ihr geschehen. Es ist jedoch Vorsicht geboten: Es sollte zunächst abgeschätzt werden, mit welchen Menschen dies möglich ist und mit welchen nicht. Und aus Unsympathen können Sympathen werden.

Empathie

Ich unterscheide zwischen Einfühlung in sich selbst und Mitfühlen mit anderen. Bei der Empathie anderen Menschen gegenüber werden eigene Gefühle ausgelöst, die gleichsam die Brücke zu den Gefühlen anderer bilden. Neurowissenschaftler haben herausgefunden, dass dabei die sogenannten Spiegelneuronen eine wichtige Rolle spielen: Durch sie werden beim Zuschauer, Betrachter die gleichen Gefühle erzeugt wie bei den Ausführenden.

Wir kennen das: Wir lachen »automatisch« mit, wenn andere lachen. Lachen steckt an. Wir gähnen mit. Trainer machen die Bewegungen ihrer Schützlinge automatisch bzw. unbewusst nach: Sie springen mit den Hochspringern hoch und können nicht auf ihren Stühlen sitzen bleiben. Wenn ihre Boxerschützlinge Schläge bekommen, so tun ihnen diese selbst weh. Wir verziehen das Gesicht, wenn andere in eine saure Gurke beißen, den Zahn gezogen bekommen, rutschen tiefer in den Sessel, spüren eigenen Schmerz. Wir weinen mit, wir fühlen mit, wir leiden mit. Wir empfinden, »als ob« wir es selbst erlebten.

Mitschwingen

Um dieses Mitfühlen noch stärker zu verdeutlichen, benütze ich den Begriff »Mitschwingen«:

* Ich hasse Staus, vor allem auf Autobahnen. Wieder einmal war es so weit: Meine Frau ertrug ihn geduldig, und ich ärgerte mich und trommelte mit der Rechten auf mein Armaturenbrett, was meine Frau veranlasste, mit ihrer Linken mitzutrommeln, mit der Bemerkung: »Is aber auch blöd für dich.«

* In einer Gesprächsrunde erwähnte eine Kollegin, dass sie oft Kopfweh habe, worauf ein Kollege sich nach vorn beugte und sie fragte: »Spitz oder stumpf?«

Zwei glänzende Beispiele, wie ich finde, die zeigen, was »Mitschwingen« bedeutet bzw. zum Ausdruck bringt, nämlich das *Erleben* des anderen aufzugreifen, es zu »resonieren« – und nicht nur es stereotyp oder routiniert als bloßes »Ich verstehe dich« zurückgeben.

Das »Mitschwingen« als intensive Form des Verstehens

* Meine Tochter sitzt am Schreibtisch, büffelt Mathe, kapiert es nicht und kratzt sich am Kopf. Ich komme hinzu, sehe ihr über die Schulter und kratze mich beim Lesen ebenfalls (unbewusst) am Kopf, worauf sie hochblickt und sagt: »Gell, jetzt kratzt du dich auch am Kopf.«

Mitschwingen durch nonverbale Kommunikation

Wir können nicht mit Sicherheit wissen, nachvollziehen oder verstehen, was andere Menschen wirklich empfinden und wie es ihnen geht, z. B. wenn sie Zahnschmerzen haben, verliebt sind, Angst erleben oder Fantasien entwickeln.

Aber wir können, aufgrund der eigenen Erfahrungen, »mitschwingen« und uns den anderen mit unseren Empfindungen und Gefühlen nähern, *verbal und nonverbal.* Diese werden durch verschiedene Aktivitäten so zum Ausdruck gebracht, dass sie die Empfänger mit ihren Sinnen wahrnehmen *können,* sie also *spüren,* und demzufolge Verständnis *erleben* und sich verstanden *fühlen.*

* Ich besuche eine Schule und sehe im Schulhof auf einer Bank einen Jungen sitzen, der auf mich einen alleingelassenen Eindruck macht. Ich gehe langsam auf ihn zu und setze mich auf das andere Ende der Bank, in seiner Körperhaltung, leicht nach vorn gebeugt, auf den Boden blickend. Nach einiger Zeit sehe ich, dass er mehrmals zu mir herüberblickt. Ich reagiere ebenfalls mit Blicken. Unvermittelt sagte er plötzlich: »Sie schauen auch auf Boden, wie ich.« Und es entwickelt sich ein kurzes Gespräch mit ihm. Etwa zwei Jahre später komme ich wieder in diese Schule, überquere den Schulhof während der Pause. Ein Junge kommt auf mich zu, fragend: »Kennen Sie mich noch?« »Nein«, erwidere ich. »Ich bin der von damals auf der Bank mit Ihnen.«

Nicht die Fakten bleiben in erster Linie in Erinnerung, sondern die

Begegnung von Person zu Person, bei ihm die Erinnerung: Da hat neben mir, auf gleicher Höhe, ein Erwachsener gesessen und mir zugehört. Diese und ähnliche Erfahrungen sind der Boden für zwischenmenschliche Beziehungen. Sie schaffen Nähe und Vertrauen, auch in sexuellen Beziehungen, in denen das Mitfühlen und Mitschwingen eine ganz besondere Bedeutung bekommt.

Wenn wir mehr verstehen und mitschwingen würden, müssten wir nicht so viel argumentieren.

Julia spielt Mensch ärgere dich nicht und wird Letzte, worauf sie die Männchen von der Spielfläche schubst.

Ihr Vater (mit Anteilnahme in der Stimme): »Jetzt hast du das Spiel umgetauft in: Mensch *ärgere dich!*«

Ein Schüler wirft voller Wut ein Arbeitsblatt auf den Boden.

Der Lehrer: »Wohl nicht dein Tag heute, was?«

Sohn/Tochter: »Das Abi schaff ich ja doch nicht.«

Mutter/Vater. »Ist aber auch eine extreme Bergbesteigung.«
Sie: »Ein Gefühl wie beim Zahnarzt.«

Der Mann zu seiner Frau: »Wenn nur die Sitzung schon vorbei wäre.«

Zwischenmenschliche, sexuelle, verbale, nonverbale und körperliche Kommunikationen können ohne oder mit Empathie und Mitschwingen sein; es kommt jeweils auf die Mitspielenden an.

4. Beziehung statt Erziehung

Beziehungsmenschen erziehen nicht. Erziehende jedoch sagen, was andere tun sollen. Und Erzogene tun, was andere sagen (Gehorsam) oder reagieren renitent (Widerstand).

Beobachtungen an einem Badesee: Ein kleiner Junge spielt am Ufer im Sand und trällert eine Melodie. Unvermittelt sagt sein Opa, der in der Nähe ist: »Hör zu singen auf, leg die Schaufel weg, komm her, und geh mit mir ins Wasser. Musst keine Angst haben, vertrau mir.«

Der Opa sagt in wenigen Sekunden, was sein Enkel tun soll – Erziehung pur!

Er könnte auch Folgendes tun: Mit ihm trällern, dann sagen, dass er gern mit ihm ins Wasser ginge, und die Hand ausstrecken. Und der Junge könnte, selbstbestimmend, sich entscheiden.

*Zieh- und Schiebe*vorgänge durch Appelle und erweitert durch eine Fülle von Einwirkungsstrategien, Geboten, Verboten, Direktiven und Manipulationen sind schädlich und verhindern Entwicklung, Wachstum und Kreativität von Menschen. Denn diese Art von Erziehung basiert auf zwei Grundeinstellungen:

Erstens: Erziehende sind der Ansicht, andere Menschen nach ihren eigenen Vorstellungen und Zielen verändern und durch Erziehungsmaßnahmen aus unreifen Menschen reife Persönlichkeiten bilden zu können.
Wir können für andere keine Ziele haben.

Zweitens: Erziehende verhalten sich Menschen gegenüber, als seien diese Maschinen, die, aufgrund der Veränderungsabsichten und Einwirkungen, so reagieren, wie sie es haben möchten. Erwachsene sagen z. B. Kindern etwa 200 bis 300 Mal am Tag, was sie zu tun und zu lassen haben: »Hör auf zu quengeln!« – »Sei pünktlich!« – »Reiß dich zusammen!« – »Räum dein Zimmer auf!« – »Mach die Hausaufgaben!« – »Sei pünktlich!« – »Sei nicht so faul!« – »Komm nicht zu spät nach Hause!« – »Streng dich an!« – »Lass mich endlich in Ruhe!« – »Stell die blöde Musik ab!«

Wer so viele Appelle bekommt, lernt Gehorsam oder Renitenz und selbst wieder Appellieren. Fremd- statt Selbstbestimmung, Auflehnung und Widerstand und in der Weiterentwicklung letztlich möglicherweise Machtmissbrauch herrschen vor.

Aber auch Erwachsene werden von Erwachsenen erzogen:

* Während eines Gesprächs mit einem Mann beginnt eine Frau zu weinen, worauf dieser sagt: »Jetzt hör doch mit deinem blöden Geheule auf!« (= Ich verbiete dir Gefühlsäußerungen und erziehe dich zu mehr Selbstbeherrschung.)

* Ein Sechzigjähriger besucht seine Mutter im Seniorenheim. Es ist Winter. Er klingelt. Die Mutter öffnet, sieht ihren Sohn und sagt zur Begrüßung: »Warum hast du bei der Kälte keinen Hut auf???«

(1) Zur Erinnerung: Wie viele Appelle haben Sie in Ihrer Kindheit pro Tag in etwa bekommen (von den Eltern, den Lehrern …)?
(2) Selbstreflexion: Ich selbst, so vermute ich, gebe pro Tag etwa X Appelle (in Abgrenzung von funktionalen Handlungsanweisungen) an andere (Kinder, Partner, Freunde …)
(3) Selbsterkundung: Ich selbst bekomme pro Tag von anderen gesagt, was ich zu fühlen, zu denken und zu tun habe …
(4) Erinnerung an die eigene Kindheit und Jugend … und spannen Sie den Bogen bis in die Jetztzeit:
–   Was haben Sie von Ihren Erziehern genauso übernommen (= und sind in deren Spuren weitergegangen)?
–   Was haben Sie davon eigenständig weiterentwickelt (= und haben eigene Spuren gezogen)?
–   Was haben Sie ganz anders gemacht (= und haben entgegengesetzte Richtungen eingeschlagen)?

Ein Ende mit jeglichen Ziehvorgängen, mit dem Schubsen und Zerren, den Veränderungsabsichten und Fremdbestimmungen, dem Schnitzen und Glätten, dem Formen und Umformen von Menschen. Die Achtung vor ihrer Einzigartigkeit verbietet solche Einwirkungs- und Verformungstätigkeiten.

Es gibt aber auch viele *gute* Beispiele herkömmlicher Erziehung, in denen die »Erziehenden« mit der *Grundhaltung der Liebe* hohe Verantwortlichkeit jenen gegenüber zeigen, die sie erziehen und denen sie Fürsorge (hinter der auch Sorge steht), Zuneigung, Unterstützung und Schutz geben. Diese Art der »ERziehung« nenne ich »förderliche BEziehung«, die ein günstiger Nährboden für authentisches Fühlen, Denken und Handeln und gelebte Empathie ist.

Dem deutschen Wort Erziehung liegt das lateinische Wort educare (= herausführen) zugrunde, ein Begriff, der weitaus besser ausdrückt, dass es sich um ein Herausführen aus der Abhängigkeit hin zur Selbstständigkeit handelt.

Es ist von der Vorstellung Abschied zu nehmen, wir könnten andere Menschen nach *unseren* Vorstellungen »bilden« und Ziele für andere haben.

Der Mensch ist keine »triviale Maschine«. Aber wir können *Bedingungen* schaffen, damit andere sich entwickeln, gemäß ihrer Persönlichkeitsstruktur *und* ihrer Durchlässigkeit für Außenwirkungen. So betrachtet wird aus der ERziehung BEziehung durch Wahrnehmen und Beobachten, Einfühlen und Erspüren, Entwicklungsförderung und Lebenshilfe, Zulassen der Möglichkeiten und Grenzziehung, falls erforderlich.

Der Abschied vom Erziehen fällt schwer, weil wir – als Erzogene – selbst »nur« Erziehen gelernt haben.

Selbstbewusstsein von Menschen kann sich nur entwickeln, wenn sie statt Fremdbestimmung Selbstbestimmung erfahren können.

Wie eigenes Erleben verhindert wird:
- »Sei nicht so *eigen*sinnig!« (Wegnahme des eigenen Sinnes)
- »Jungen weinen nicht.« (Verhinderung von Gefühlen)
- »Da täuschst du dich aber gewaltig.« (Wegnahme eigener Sichtweisen)
- »Glaub mir, ich weiß es besser.« (Wegnahme eigener Erfahrungen)
… und wie es gefördert werden kann:

- »Ich helfe dir, wenn du magst.« (Eigene Wege gehen lassen)
- »Ich trau dir das zu.« (Vertrauen geben)
- »Ich freue mich, weil du …« (Stärkung des Selbst)
- »Ich bin gespannt, was du mir berichten wirst.« (*Selbst*erfahrungen machen)

Beispiele:
(1) Erziehung: Ich erwarte von dir, dass du pünktlich zu Hause bist!!!
(2) Beziehung: Ich warte auf dich.
(1) Erziehung: Schon wieder kommst du zu spät!!!
(2) Beziehung: Ich bin erleichtert, dass du da bist.

Fremdbestimmungen, von klein auf, sind die größten Verhinderungs-mechanismen für die Entwicklung von Menschen und ein günstiger Nährboden für Machtmissbrauch, Ausübung von Gewalt, auch der sexuellen.

Wer in diesem Sinne erzogen wird, hat es besonders schwer in einer Wachstumszeit, die man herkömmlich Pubertät nennt. Es bleibt ihr/ihm nichts anderes übrig, als sich aufzulehnen und abzugrenzen. Beziehungs-erfahrene jedoch können sich entwickeln und in einem Milieu wachsen, das ihrem Sein entspricht.

Wer ERziehen gelernt hat, wendet es ggf. auch in sexuellen Verhaltens-weisen an: bestimmen, vorschreiben, sich durchsetzen, zurechtweisen, während Beziehungsmenschen selbstbewusst, einfühlsam, mitfühlend dialogisch, flexibel agieren.

Keine Strafen

Herr F. lässt seine Kleider häufig auf dem Boden liegen.
Herr T: Blätter seiner Bäume fallen auf das Nachbargrundstück.

Seine Frau wirft sie manchmal in den Garten.
Nachbar W. stopft sie regelmäßig in den Briefkasten von Herrn T.

Frau N. redet im Freundeskreis abfällig über ihren Mann. Herr E. besucht sehr selten seine Mutter im Seniorenheim.

Seit Wochen redet er nicht mehr mit ihr. Sie will ihn deshalb enterben. Gespräche finden nicht statt.

* Ein Schüler rennt durch den Gang, rempelt dabei heftig einen Lehrer an und schreit ihm zu: »Verpiss dich, du Wichser.« Empörung im Kollegium. Strafe: Vier Seiten aus einem Buch abschreiben.

* Ein Junge und ein Mädchen küssen sich auf dem Schulhof. Die Strafe: Eintrag ins Klassenbuch und eine Stunde Nachsitzen mit Matheaufgaben.

Ich habe mich schon lange vom Strafen und Bestrafen verabschiedet, weil sie menschliches Wachstum und menschliche Entwicklung verhindern. Ich verwende stattdessen den Begriff »konsequentes bzw. folgerichtiges Handeln« und bin in diesem Zusammenhang »Umlernhelfer« – und das heißt:

- Fehlverhalten, Grenzen und Folgehandlungen (auf-)zeigen
- Tätigkeiten zum Umlernen anbieten, einfordern (»stimmige« Wiedergutmachung)
- notwendige Zwangsmaßnahmen zum Schutz anderer ausführen
- Beispiel geben: Wenn ich mich verändere, verändern sich auch andere.

Die Wörter Strafen und Bestrafen sind mental anders besetzt als das Wort Umlernhilfe. Wenn jemand sagt: »Ich werde dich bestrafen«, dann läuft in ihm ein negativer Film ab, im Gegensatz zur Äußerung: »Ich werde dir helfen, dich zu ändern.« Dadurch erfährt das Du die notwendige Anerkennung in der Gemeinschaft anstelle von negativen Bewertungen und ggf. Ausschluss aus ihr.

Auch wenn Strafen Verhaltensänderungen bewirken, so sind sie keine humanen Mittel, Fehlentwicklungen und Fehlverhalten in sozialverträgliches Verhalten umzuwandeln.

Strafende handeln meistens
–   unkontrolliert (weil affekthaft)
–   rachsüchtig (weil verletzt)
–   aggressiv (weil hilflos)
–   fehlerhaft (weil unter Stress)
–   kontraproduktiv (weil panisch)
–   inkonsequent (während der
    Eskalation)

Folgen für die Bestraften
–   Störung der emotionalen
    Beziehung
–   Beschädigung des Selbstwert-
    gefühls
–   fehlende Handlungsalternativen
–   Angst, Aggressionen
–   keine (Um-)Lernhilfen

Unerwünschtes Verhalten

(1) Peter kommt zu spät nach
Hause.
(2) Tine übernachtet bei ihrem
Freund, ohne die Eltern zu
informieren.
(3) Schüler kommt mehrmals zu
spät in den Unterricht.

Umlernhelfende handeln meistens
– kontrolliert (weil überlegt)
– betroffen (weil gefühlsmäßig)
– angemessen (weil professionell)
– sinnvoll (weil ohne Stress)
– konstruktiv (weil distanziert)
– konsequent (nach der
  Eskalation)

Folgen aus den Umlernhilfen
– kein Beziehungsabbruch,
  Zuwendung ohne Strafe
– Erfahrung: Trennung von
  Verhalten und Person
– Handlungsangebote
– Erkenntnis, Einsicht
– (Um-)Lernhilfen

*Nicht folgerichtige Handlungen
(Strafen)*
– drei Tage kein Fernsehen

– eine Woche Ausgangsverbot

– eine Seite aus einem Buch
  abschreiben

Der Lehrer kann die Schriftzüge von Andreas oft nur schwer entziffern. »Ich weiß schon«, meint der gutmütig, »ich hab halt eine Sauklaue.« – »Dafür kannst du aber auf dem Bauernhof daheim mit deinen Händen fest zupacken«, sagt darauf der Lehrer und grinst ihn an. »Ja, schon«, murmelt Andreas und steckt seinen Kopf noch tiefer in sein Heft. Nach ein paar Tagen bekommt Andreas sein Aufsatzheft zurück, u. a. mit der Bemerkung: Andreas, ich kann deine Schrift jetzt schon viel besser lesen. Und etwas später Andreas: »Loben Sie mich nicht zu viel, sonst werd' ich leichtsinnig.«

Wir können nie sicher wissen, wie das, was wir sagen und tun, bei anderen ankommt, auch wenn es noch so gut gemeint ist. Sogar beim Loben kann man nicht wissen, in welche Richtung es geht und was man damit auslöst. Loben ist somit auch »Absicht, um zu ...«, demzufolge Manipulation und kein Weg zur Selbstbestimmung.

* Ich habe schon lang begonnen, Lob (und Strafe ebenso) aus meinem pädagogischen Repertoire zu streichen, weil sie mir aufgrund meines Menschenbildes und humaner Einstellungen nicht mehr »stimmig« erschienen und zu viel Bewertungen enthielten.

Die Wurzeln meines Umdenkens reichen bis in meine Studienzeit. Ich war bis dahin von Lob als Bewertungen durch andere Menschen abhängig. In dem Moment, in dem es nicht mehr erfolgte, musste ich selbst sehen, wie ich mit meinen eigenen Verhaltensweisen und Produkten zurechtkam und wie ich mein Tun bewertete.

* Ein bekannter Schauspieler wurde gefragt, wie er mit dem neuen Regisseur zurechtkäme, und antwortete: »Am Anfang war es sehr schwer; er lobte nicht, kritisierte nicht, sagte höchstens seine Sichtweisen. Ich war total verunsichert. Aber nach einiger Zeit bemerkte ich, wie ich immer mehr zu meiner eigenen Darstellung fand, und löste mich von meiner Funktion als Marionette des Regisseurs. Bisher hatte ich immer nur so

gespielt, wie er und andere es wollten, damit ich gelobt wurde. Ich war abhängig von ihnen geworden.«

Lob ist kein *Mittel*, um zu *erziehen*. Stattdessen: Selbstmitteilungen als Feedback mit Wirkung auf andere geben

* Ende eines Schulvormittags, den ich als ausgesprochen produktiv empfand. Die Kinder, 3. Klasse, gehen an mir vorbei zur Tür, und ich hatte den Satz schon auf den Lippen: »Ihr wart aber heute toll!«, sagte stattdessen: »Ich bin sooo gerne bei euch Lehrer.« – Da strahlten sie und gingen nach Hause.

Mit welchen Gedanken und Empfindungen?

Statt:
— »Warst du aber toll heute Nacht!«
— »Sie sind eine versierte Mitarbeiterin.«
— »Du bist aber eine prima Köchin.«
— »Mensch, du bist ein super Liebhaber.«

besser:
»Ich hab mich in deinen Armen sooo wohlgefühlt.«
»Ich arbeite gern mit Ihnen zusammen.«
»Was du gekocht hast, hat mir soooo geschmeckt.«
»Für mich ist die Zeit wie im Flug vergangen.«

Ich unterscheide:
1. Lob als Erziehungsinstrument, von dem die Gelobten *abhängig* werden: Jemand tut dies und das, damit er gelobt wird, und nicht um seiner selbst willen oder weil es ihm wichtig ist.

* Ein Junge, auf dem Weg zum Schwimmtraining, sagt zu seiner Mutter: »Mama, krieg ich ein Eis, wenn ich heute meine Schwimmzeit verbessere?« Darauf die Mutter. »Nö, willst du schneller schwimmen meinet- oder

deinetwegen?« Als der Junge nach Hause kommt, sagt er freudestrahlend. »Du, Mama, ich bin heute 2,1 Sekunden schneller geschwommen als das letzte Mal.« Da strahlt auch die Mutter und antwortet: »Jetzt spendier' ich dir ein Eis, weil ich mich riesig darüber freue.«

Eis spendieren nicht als Belohnung (= Erziehung), sondern als Ausdruck ihrer Freude (= Beziehung).

2. Ich gebe wertschätzende Selbstmitteilungen, weil sie *mir* in der *Beziehung* zum Gegenüber wichtig sind: Freude, Ärger, Zufriedenheit, Glück, Wohlbefinden, mit *Wirkung* auf andere. Wenn ich *mich* mitteile, gebe ich Rückmeldung und der/die andere entscheidet, was er/sie damit macht. Die Lobenden sind nie auf Augenhöhe mit den Gelobten, sondern immer darüber, im Gegensatz zu den Wertschätzenden.

3. Anerkennung ist für den Menschen als soziales Wesen lebensnotwendig. Sie geschieht jedoch nicht durch Loben oder Belohnung: »Du kriegst ein Smiley, weil du so schön mitgemacht hast,« sondern als Rückmeldung von Person zu Person.

4. Änderungen geschehen nur durch SELBST-Erfahrungen.

Erziehung durch die Hintertür: Wenn ich dich lobe, dann veränderst du dich, so wie ich es will.

Natürlich kann es sein, dass Sie viele Loberfahrungen hinter sich haben. Wenn sie nun wegfallen, haben Sie vielleicht »Entzugserscheinungen«. Besser die, als in »Lobabhängigkeit« zu bleiben. Frau zu Mann, Mann zu Frau:

–   »Ich danke dir für deine Hilfe beim Frühjahrsputz.«
–   »Ohne dich hätte ich das alles nicht geschafft.«
–   »Noch solche Leistung in deinem Alter?! Ich staune.«
–   »Ich freu mich immer, wenn ich zu dir nach Hause komme.«

– »Ich bin immer noch verliebt in dich.«
– »Ich fühle mich an deiner Seite ebenbürtig. Danke.«
– »Ich bin vielleicht nicht mehr so leidenschaftlich, dafür aber inniger.«

Auf den Punkt gebracht

In den Kommunikationsweisen habe ich gezeigt, wie sehr es auf die Haltung, die Einstellung und die Bedingungen ankommt, damit die Beteiligten (weibliche und männliche Menschen) förderlich agieren und reagieren können.

Allerdings:
Wir haben keine Verfügung über andere, darüber, wie das von uns Gesendete bei ihnen ankommt. Zu vielfältig sind die Variablen, die wirkmächtig sind, nämlich:

Das genetische Potenzial, die Herkunft, das Milieu, in dem sich Menschen entwickeln (familiär, sozial, beruflich, politisch …), ihre Lebensmöglichkeiten und ihre Prägungen durch andere Menschen, ihre Bildung und ihre Schicksalsereignisse, Krankheiten und Grenzerfahrungen, ihre gesamte Lebensgeschichte, von Anfang an, dynamisch, plastisch und niemals eindeutig voraussagbar.

Es gibt in allen Konstellationen kein »Wenn …, dann …«

Die Geschichte ist voll von Beispielen:

Wohlerzogene werden zu Kriminellen, Kriminelle zu Bewährungshelfern, Kinder aus christlichen Familien zu Atheisten, Fleißige zu Arbeitslosen, Tellerwäscher zu Milliardären, Heterosexuelle zu Lesben und Schwulen.

Eheleute geloben sich ewige Treue und trennen sich mit Rosenkrieg. Ein Bauernsohn wird zum Papst gewählt, Priester schänden Kinder, Prostituierte mutieren zu Sozialhelferinnen, eine Physikerin wird Bundeskanzlerin, Gudrun Ensslin stammt aus einer Pfarrersfamilie. Aus Saulus wird Paulus.

Ganze Generationen hindurch sind Familien verfeindet, bis Versöhnung stattfindet. Geschlechterkrieg ist inzwischen zu einem geflügelten Begriff geworden.

Völker bekriegen und befrieden sich. Politiker aus verfeindeten Ländern reichen sich die Hand. Alles ist möglich!

Konstanz und Veränderungen, Krieg und Frieden

Ich habe mir immer Gedanken über das gemacht, was ich sende und was ich bei anderen auslöse und sie bei mir. Über meine Ziele und meine Wünsche, meine Haltungen und meine Verhaltensweisen, meine Vorhaben und meine Wirkungen, mein Tun und mein Lassen. Die Erfahrungen haben mir gezeigt, dennoch und trotzdem und immer wieder:

Mit einer menschenfreundlichen Haltung gut senden

Und dann wahrnehmen, was sich ereignet, bei mir und bei anderen, was sich bewährt und was verändert werden muss. Ich bin als Mensch in meiner (Eigen)Art mit all den anderen meiner (Menschen)Art Teil des Ganzen.

5. Existenzielle Bedrohung: Brust- und Prostatakrebs

Uns Menschen verbinden auch Krankheiten, schlimme besonders, erstaunlicherweise viele Krebskrankheiten, trotz Geschlechtsunterschieden, Tumore von Kopf bis (fast) Fuß, die häufigsten Krebsarten betreffen:

Gehirn, Haut, Blut, Kehlkopf, Speiseröhre, Lunge, Niere, Leber, Bauchspeicheldrüse, Magen, Darm, Blase.

Alle gemeinsam, zwei jedoch getrennt: Bei den Frauen Brust- und Gebärmutterkrebs, bei den Männern Prostata- und Hodenkrebs, beide *spezifisch* für ihre Geschlechtlichkeit. (Wobei es auch bei Männern, wenn auch sehr selten, Brustkrebs gibt.)

Das Ereignis

Stellen Sie sich, alleinlebend oder mit Partnerin/Partner, einen möglichen Verlauf der Krankheit vor:

Als Frau	*Als Mann*
Die Anfänge	
Eines Tages spüren Sie eine Verhärtung, einen Knoten in der Brust: Unbehagen, Fantasien, Ungewissheit,	Sie haben zunehmend beim Wasserlassen Beschwerden, Erhöhung des PSA-Wertes: Unbehagen, Fantasien, Ungewissheit
Informationen einholen (Internet, Experten)	Informationen einholen (Internet, Experten)
Betroffene befragen	Betroffene befragen
Die Wartezeit: von gelassen bis nervtötend	
Ärztlicher Termin	
Mammografie, erweiterte Untersuchungen, Bestätigung und Gewissheit	PSA-Bestimmung, erweiterte Untersuchungen, Bestätigung und Gewissheit
Die emotionale Verarbeitung	
gefasst sein, Unruhe, Ängste, Zuversicht bis Panik	gefasst sein, Unruhe, Ängste, Zuversicht bis Panik

Die Therapien
Strahlentherapie
Chemotherapie
Alternativen
Operation

Strahlentherapie
Chemotherapie
Alternativen
Operation

Das Weiterleben
veränderte Grundsituation
mit dem Krebs leben
mit dem Schicksal hadern
die Endlichkeit vor Augen
das Leben leben

veränderte Grundsituation
mit dem Krebs leben
mit dem Schicksal hadern
die Endlichkeit vor Augen
das Leben leben

Es gibt erstaunlich viele Gemeinsamkeiten, trotz unterschiedlicher Krebsarten.

Übrigens: Brust- und Prostatakrebs sind in der Bundesrepublik Deutschland die beiden häufigsten, wenn auch nicht bedrohlichsten Krebsarten.

Erlebnisphasen

Obwohl die Diagnose Krebs für die meisten Menschen subjektiv als schlimm oder gar als Schock empfunden und erlebt wird, so wird das Ergebnis von medizinischer Seite des Öfteren relativiert, und den Betroffenen werden günstigere Aussichten eingeräumt, als diese sich selbst geben. Und manchmal werden auch Horrorszenarien vermittelt.

In Verbindung mit dem Brust- und Prostatakrebs habe ich bewusst »*existenzielle* Bedrohung« geschrieben, weil diese beiden Krebsarten (zusammen mit dem Gebärmutter- und dem Hodenkarzinom) am meisten die Seinsweise, also die Existenz der Geschlechtlichkeit als Menschen, betrifft, und zwar im Dualismus weiblich–männlich, als Frau und Mann, in ihrer Unterschiedlichkeit und ihrer gelebten Sexualität.

Deshalb sind auch folgende Phasen (Zusammenfassung siehe oben) im Umgang mit dem Krebsereignis teilweise anders als bei geschlechtsunabhängigen Krebserkrankungen:

Diagnosephase

Sie haben rasch oder allmählich das Ergebnis der Untersuchungen erhalten: Krebs! Die Erschütterung, der Schock, die Verzweiflung und die Fantasien sind nicht nur Ausdruck der Bedrohung, der Belastung durch die Therapien und durch die Ungewissheit des Weiterlebens, einschließlich ggf. einem nahen Tod, sondern auch die Infragestellung der Weiblichkeit im Kontext ihrer Sexualität: Folgen der Strahlen-, Chemotherapie und Alternativen, Entfernung eines Teils oder der ganzen Brust (Mastektomie), ästhetische Neuerfahrungen, erste Blicke in den Spiegel, Dellen und Narben statt wohlgeformter Brüste, erste eigene Berührungen, innere oder reale Gespräche mit wirklichen oder fantasierten Sexualpartnerinnen/partnern, sogar, wenn auch selten, Suizidgedanken, bestärkt durch die erfahrenen Sexualerlebnisse in der Vergangenheit und die vorgestellten in der Zukunft, mit nun ggf. beschädigten Brüsten.

Und in dieser »neuen Welt« für die Betroffenen meldet sich nun auch die ramponierte Seele mit der Dynamik ihrer Gefühle: Ängste, Verzweiflung, Unsicherheit, Hoffnung, Depression, Zuversicht, Einsamkeit, Ausgeschlossenheit, innerer Friede, Entschlossenheit, Zweifel, Mut – und Begleitung und Trost durch andere.

Und das Besondere: Die weibliche Brust als sogenanntes sekundäres Geschlechtsorgan (neben Vulva, äußeren Schamlippen und Klitoris) ist als Einziges augenscheinlich, d. h. wahrnehmbar (bekleidet) und sichtbar für sich selbst oder (unbekleidet) für andere, eine Wirklichkeit, die es für viele Frauen bisweilen schwerer macht, die Krankheit Brustkrebs zu ertragen, als es der Umgang mit anderen Krebserkrankungen tut.

Die weibliche Brust, für Frauen und Männer sexuell attraktiv, verliert möglicherweise an Attraktivität und Begehrenswertheit und daher bedeutet durch dieses Ereignis extremen Verlust, zumal, wenn Sie u. a. zu hören bekommen, in Variationen:

O-Ton eines Befragten, was ihm an Frauen besonders gefalle: »Ein praller Arsch und geile Titten.«

Erlebte Sexualität als Lust und Last, als Leidenschaft und Schmerz, als geschlechtsspezfisches Organ, als existenzieller Verlust

Sehnsüchte erlöschen, aus Träumen erwacht, Menschen werden auf ihr sexuelles SEIN zurückgeworfen, und hoffentlich auch aufgefangen in einem Netz von berührten, mitfühlenden und hilfreichen Menschen.

Therapiephase

Nach der Diagnose erfolgen die Therapieplanung und die oft Monate dauernde Durchführung. Zuständig sind die bisher betreuenden Ärztinnen und Ärzte der Schul- und ggf. Alternativmedizin. Häufig gesellen sich auch Externe dazu, je nach Wahl und »Gläubigkeit« der Betroffenen, oft motiviert durch Menschen aus dem Freundes- oder Bekanntenkreis: »Du solltest …; Ich habe auch …; Du musst unbedingt…«, bisweilen eine Flut von gut gemeinten Ratschlägen.

An erster Stelle jedoch kommen Sie, die Tumorpatientin, mit Ihrer Wahrnehmung, denn die ist Ihnen am nächsten. In Krisensituationen neigen wir dazu, gern und rasch auf andere zu hören, anstatt den Experten unsere eigenen Wahrnehmungen mitzuteilen und aus diesem Dialog heraus zu entscheiden und zu handeln.

Für mich, professionell und privat, steht immer eine Wahrnehmung des Gegenübers an erster Stelle. Durch sie erfahre ich Informationen, Emotionen, Zustände, Ereignisse, die mir helfen, stimmige Diagnosen zu stellen.

Dieser Prozess braucht Zeit – Ausnahmen sind Akutsituationen – und in allen Fällen der Planung, Beratung, Vorbereitung gibt es keine Garantien, obwohl sie oft herbeigesehnt werden. Wir Menschen sind keine Maschinen!

Einer Bekannten sagte ein Arzt:

»Denken Sie nicht in Monaten, sondern in Lebensjahren.«

Fünf Monate später war ihr Leben zu Ende.

Nein, keine Garantien, jedoch wissenschaftliche, oft auch sich widersprechende Erkenntnisse, Wahrscheinlichkeiten, Erfahrungswerte und Abwägungen. Und dann – mit Begleitung anderer – Beginn der Therapie, deren Durchführung immer mit der Persönlichkeit der Betroffenen zusammenhängt: Es gibt die Entschlossenen, die Zögernden, die Angstvollen, die Vertrauensvollen, die von Krankheiten Geprägten, die Verzagten, die Empfindsamen.

Deshalb benötigen (fast) alle Tumorerkrankten professionellen Beistand durch Ärzte und Pflegepersonal, stationäre und ambulante Betreuung, Gespräche mit Fachkräften (Psychologie, Physiotherapie) und natürlich Partnerinnen/Partner, Angehörige und befreundete Personen, wobei es auch Erkrankte gibt, die allein mit sich selbst klarkommen.

Der Therapieweg wird immer zwischen folgenden Polen stattfinden:

Gesundungsprozess und Heilung vs. Verschlimmerung und Lebensende, Wege, die die ganze Person in Anspruch nehmen: im Alltag; in den Nächten, als Einzelperson und als Mutter in der Familie und im Freundeskreis, am Arbeitsplatz und in der Freizeit, mit Menschen, die Geborgenheit vermitteln, und leider gibt es auch nahestehende Menschen, die sich abwenden, ja sogar aus der Partnerschaft fliehen.

Weiterlebensphase

Sie hat mehrere Richtungen, Haltungen und Einstellungen, je nach den Ergebnissen der Therapien und Prognosen und je nach Persönlichkeit und Lebensgeschichte, z. B.:

Ein Weiterleben,

- in dem ich mit meinen Einschränkungen so weiterlebe wie bisher
- zuversichtlich und gefestigt, wartend auf das, was auf mich zukommt
- mit meiner Familie und in meinem Freundeskreis
- in vertrauensvollem Zusammensein mit meinem Partner/meiner Partnerin
- allein gelassen, und ich muss schauen, wie ich durchkomme
- mit der bangen Frage, wie jeweils die Prognosen lauten
- im Bewusstsein, nicht mehr lange zu leben
- in Offenheit für das, was auf mich zukommt

Floskeln, in einem selbst und von anderen übermittelt bekommen, haben keinen Sinn und sind nicht tragfähig, höchstens vorübergehender Trost:
- Den Kopf nicht hängen lassen. Da musst du durch!
- Das Leben ist vergänglich.
- Das Schicksal ist grausam.
- Das schaffst du schon; andere haben's auch überlebt.
- Nur Mut; du bist stark!

In den meisten Fällen geht es vor allem um Abschiede, in welcher Art auch immer, und um die Wahrnehmung von Neuland. Ihnen nachzugehen und diese beiden existenziellen Phänomene, allein und mit anderen, zu thematisieren und aktiv zu gestalten, halte ich für die größte persönliche »Leistung«.
- Im Laufe der Zeit das Schicksal annehmen können.
- Sich von Abhängigkeiten lösen (körperliche, beziehungsmäßige, berufliche).
- Als geschlechtliches Wesen das eigene Leben autonom gestalten.
- Das Sexualleben im Rahmen der eigenen Möglichkeiten genießen.
- Sich mit denjenigen Menschen verbunden fühlen, die einem gut tun.
- Achtsam mit sich selbst umgehen (körperlich, seelisch, geistig).

Ich empfehle eine kleine Reise in Ihr Innerstes, sei es als Frau oder als

Mann, sei es allein oder mit anderen: Da kommt mir einiges in den Sinn, da spricht mir manches aus der Seele.

Ergänzung Prostatakrebs

Vorab: Im folgenden Text bringe ich mich u. a. selbst als Betroffener ein (Prostatakrebs, entdeckt, als ich 63 Jahre alt war). Ferner beziehe ich mich auch auf das Buch von Uli und Michel Roth (Zwillinge): Hurra, dass wir noch leben! Unsere Mutmacher-Story gegen den Prostatakrebs.

Das Ereignis

Wie oben beschrieben, sehen *die Erlebnis*se und die *psychische Betroffenheit* des »Ereignisses« (diverse Untersuchungen und »Von der Ungewissheit bis zur Gewissheit«) bei Frau und Mann ähnlich aus, nicht jedoch inhaltlich-medizinisch.

Während die weibliche Brust als sogenanntes sekundäres Geschlechts-organ außerhalb des Körpers liegt und augenscheinlich ist, ist die Prostata als Geschlechtsorgan körperinnerlich ertastbar, aber nicht augenschein-lich. Sie enthält das Sekret, das den Samen, der aus dem Hoden kommt, durch den Samenleiter und Penis ejakuliert. Tumore breiten sich zuerst innerhalb der Prostata aus, bevor sie aus der Hülle ausbrechen und Me-tastasen bilden (Harnblase, Mastdarm, Knochen; siehe Roth, S. 18 ff.).

Der Krebs wächst sehr langsam, wobei das Abtasten der Prostata durch den Mastdarm, der Früherkennungsmarker, das sogenannte prostataspezi-fische Antigen (PSA) und die Biopsie eine bedeutsame Rolle bei der Tu-morfindung spielen. Grauzone und Wahrscheinlichkeiten bleiben immer. Sicherheit und Garantien gibt es nie. »Wunder und Wissensexplosionen«, so H. Huland (Roth, S. 3) »erwarte ich nicht.« Sodass dann doch Be-strahlung übrig bleibt bzw. die Operation (radikale Prostatektomie) mit schwerwiegenden Konsequenzen: kein Samenerguss mehr und dadurch definitiv keine Zeugungsfähigkeit; meist auch Erektionsschwierigkeiten und Inkontinenz.

Therapien und Weiterleben

Bei Erhaltung der Prostata (trotz Tumor) gibt es die Strahlen- und Chemotherapie oder andere Therapien aus dem Bereich der Alternativmedizin. Erheblich von Bedeutung sind »gesunde« Ernährung, kein Rauchen, viel Bewegung.

»Mein« Prostataereignis, mit 63 Jahren: Nach jahrelanger konstanter Vorsorge und langsamer, aber stetiger Erhöhung des PSA-Wertes unterzog ich mich mehrmals einer Biopsie, durch die keine Tumorzellen gefunden wurden.

Dann, nach etwa zehn Jahren, nun doch – ein signifikanter Befund und ein PSA-Wert von über 10; letzter Ausweg: Entfernung der Prostata.

Kein Schock für mich, weil ich bereits Jahre »vorgewarnt« war und ebenso immer wieder mit meiner Frau reden konnte. Denn nun waren wir beide Betroffene, wenn auch aus verschiedenem Erleben.

Das Thema Krebs löst bei Frauen (Brustkrebs) und bei Männern (Prostatakrebs) neben den beiden Themen Heilungs- und Lebenschancen wesentlich unterschiedliche Reaktionen aus, alle jedoch existenziell:

Bei Frauen Ästhetik, Attraktion, Brustbeschädigung bis Brustverlust, Infragestellung der Geschlechtsidentität, familiäre Ausgrenzung (z. B. Trennung von Paarschaften), Angst vor Libidominimierung, Alleingelassenwerden, mit jedoch auch gegenteiligen Erfahrungen wie: Verständnis, Angenommensein, Geborgenheit, Trost und Unterstützung – tendenziell also eher emotionale und soziale Befindlichkeiten.

Bei Männern häufig in vielen Gesprächen mit ihnen, seit meiner eigenen OP: Reduzierung bzw. Verlust von Erektion und Penetration, mangelnde Attraktivität, Inkontinenz und Zeugungsunfähigkeit, tendenziell also eher funktionale Befindlichkeiten (die emotionalen kommen erst später).

Geschlechterbegegnungen

Und dann ereignen sich, statt Geschlechterentfremdungen, in persönlichen Begegnungen, in Paarschaften, in Familien, am Arbeitsplatz, im Freundeskreis Annäherungen, Gespräche, Verständnis, Zuneigung, Geborgenheit und (wieder) Liebe – aufgrund der gemeinsamen Krebserfahrungen als Frau, als Mann. Vom Patriarchat und von der Emanzipation zum humanen Miteinander.

Ende des Teils 1

Sexualität als *Sein*sweise ist Teil 1 überschrieben, in dem ich aufgezeigt habe, dass wir Menschen grundsätzlich geschlechtlich sind, naturgemäß weiblich und männlich – in allen biologisch möglichen und seelisch ge- und erwünschten Variationen. »Ich bin mir dieser meiner Seinsweise bewusst« heißt der Kernsatz, der im Leben als Person von Geburt an sowohl konstant als auch variabel sein kann. Eine Herausforderung an das eigene Ich und an alle anderen Menschen, denen ich begegne, die mir nahe und kurzfristige oder langfristige Gefährtinnen oder Gefährten in meinem Leben sind.

Teil 2: Sexualität als Kommunikation

In Teil 1 betrachtete ich die Sexualität als menschliches Sein und damit den Menschen grundsätzlich als geschlechtliches Wesen.

In Teil 2 geht es um zwischenmenschliche Kontakte und Beziehungen im Sinne des gemeinsamen Seins als geschlechtliche Menschen, wiederum in allen möglichen Variationen des Erlebens, des Verhaltens, der sexuellen Formen und Praktiken – für mich die intensivste Art der Kommunikation, sei sie monologisch, dialogisch oder multikomplex.

1. Realität und Bedeutung

Seit es evolutionär die menschliche Zweigeschlechtlichkeit gibt, biologisch weiblich und männlich (divers, wenn unbestimmbar) durch Eizellen und Spermien und deren kopulative Verbindungen, seitdem hat sich auch die sexuelle Kommunikation entwickelt, auf vielfältige Art und Weise: bestialisch (tiergemäß), human funktional, kühl und distanziert, ungeplant und geplant, gefühlsbetont und zärtlich, empathisch und liebevoll, unüberlegt und spontan, stürmisch und ausflippend, euphorisch und leidenschaftlich, verzückt und ekstatisch, überfallartig und rücksichtslos, zögerlich und angstvoll, freiwillig und unfreiwillig, gefühllos und brutal, gewalttätig und vergewaltigend (körperlich wie seelisch), als eheliche Pflicht und untertänig, schön, krass, geil (wie auch immer dies empfunden wird), als Geschlechtsverkehr, als Sex, als »einfach Spaß haben«, als erotisches Phänomen oder als Intimität in der Liebe.

Im Zeitalter der teilweisen Übersexualität hat mich zunächst die Tatsache sehr berührt, dass es viele Menschen gibt, die sich persönlich und zwischenmenschlich sexuell enthalten mussten und müssen oder durch das Schicksal gezwungen waren und immer wieder werden:

(1) durch Heimatlosigkeit oder Kriege, politische Situationen oder Gefangenschaft, Alleinsein oder Krankheiten, Handicaps oder Verstümmelung, durch Naturkatstrophen oder Unfälle, durch wahrgenommene Grausamkeiten oder erlebte Vergewaltigungen,

(2) durch unfreiwillig sexuelle Notlagen, Erpressungen, Nötigungen, Androhungen, »eheliche Pflichterfüllung« (katholische Kirche: Geschlechtsverkehr nur, wenn Zeugungsabsicht), Zwangsprostitution, unverschuldete Armut, Asozialität, Mangel an Gelegenheit,

(3) und schließlich auch, weil es viele Menschen gibt, die Sexualität nicht erleben und den Anschein erwecken, dass sie gut und ausgeglichen, ja sogar erfüllt leben.

Nach Phasen des Innehaltens wandte ich mich wieder anderen Gedanken zu, nämlich denen über die vielfältig und variabel gelebte Sexualität über Jahrtausende hinweg.

Blicke in die Geschichte zeigen die Konstellationsvielfalt der Sexualität:

Die griechischen Mythen, Minnesänger in den Jahrhunderten des Mittelalters, die Renaissance mit ihren herausragenden Familien zwischen Liebe und Morden, die Schamlosigkeit, Offenheit und Freizügigkeit in der Barockzeit, die extreme Gefühlswelt der Romantik, die sexualfeindliche katholische Moral, die Sexualaufklärung Mitte der 20. Jahrhunderts und in der Gegenwart die analoge und digitale Wirklichkeit

Derzeit verdanken die meisten Menschen auf unserem Planten, fast acht Milliarden, ihr Leben der *sexuellen Vereinigung von Menschen* und seit geraumer Zeit auch durch künstliche Befruchtung. Tagtäglich haben Millionen von Menschen Geschlechtsverkehr und/oder reden über ihn, sehen ihn in Filmen und sozialen Medien, suchen Ersatz in pornografischen Aufzeichnungen, informieren sich über Literatur, Vorträge, Gespräche und Diskussionen, werden »aufgeklärt«.

Was ist guter Sex?, fragen Menschen. Die Antwort: Guter Sex ist das, was jede einzelne Person als gut befindet. In unzähligen Variationen.

Kunstvoll

Das sexuelle Leben der Menschen wird besonders in allen Formen der Kunst sichtbar. Die Geschichte öffnet ihre Türen und zeigt uns die Sexualität als zwischenmenschliche Verhaltensweise, die Erotik als zutiefst berührende Gefühlswelt bis hin zur Sehnsucht und Erfüllung durch die Liebe. Dabei sind die Möglichkeiten und Wirklichkeiten dieser Trias inzwischen unübersehbar und schier grenzenlos lebbar: verherrlicht und abgrundtief verachtet, vereint und katastrophal, in Glücksphasen und in Todessehnsucht, durch Glorifizierung und (Selbst)Tötung, Trivialisierung und Überhöhung, fantasiert und erlebt, verdrängt und extensiv beschrieben, exemplifiziert in der Literatur, Malerei, Bildhauerei, visualisiert durch das Theater, die Oper und »unüberhörbar« gemacht durch die Musik. Alles im Kontext ihrer Zeit, der jeweiligen Praxis, den lieb gewordenen Gewohnheiten und extensiven Widersprüchen entsprechend, volksnah, utopisch, exzentrisch, provokativ, aufklärerisch und für die Menschen ein weites Feld des Lernens, des Staunens, der Verwirrung, der sinnlichen Wahrnehmungen, des lustvollen Auslebens, der unendlichen Fantasien, der verwirklichten Liebe.

Marcel Reich-Ranicki erwähnte in einer seiner Sendungen (sinngemäß), dass es in der *Literatur*, was die zwischenmenschlichen Beziehungen angeht, speziell die Sexualität und Liebe sind, und dass es meistens um eine »Dreiergeschichte« geht: den Mann, die Frau und die Rivalitätsperson. Beim Schreiben käme es nur darauf an, diese Kontinuität nicht trivial zu »komponieren«, sondern literarisch hochwertig und einzigartig zu erzählen – und dies auf poetische, lyrische und dramatische Weise. Autoren der (Welt)Literatur sprechen eine eindrucksvolle Sprache im Bereich der *Sexualität, des Eros und der Liebe*: Platon, Dante, Shakespeare, Goethe, Dostojewski, Kleist, Heine, Fontane, Ibsen, Strindberg, Nietzsche, Schnitzler, Freud, Kafka, Brecht, Hemingway, Thomas Mann, Sartre und viele mehr.

Ab dem 19. Jahrhundert kommen auch Frauen zu Wort (meist Suffragetten). Aufklärende Werke (bis hin zu Lady Chatterley) enttabuisieren die Geschlechtlichkeit. Und jede Leserin, jeder Leser jeder Zeit können innehalten und sich ihre/seine eigene sexuelle Welt konstruieren.

Die *Malerei* – was wäre sie ohne die Künstler und ihre visuellen Darstellungen der Sexualität, Erotik, Spiritualität, Liebe? Besonders in weiblichen Aktmodellen, und künstlerisch bisweilen grenzüberschreitend durch ihre Imaginationen, versinnbildlichen sie die Sexualität, für die *Betrachtenden* Spiegel ihrer Erfahrungen und Träume, Blick in eigene psychische Welten, Konfrontation gegenüber Leben und Tod und Reflexionen über ihre Beziehungen zu anderen Menschen. Schließlich auch Provokation, Empörung und Abscheu, wenn die Künstler verborgene und verdrängte Welten ans Tageslicht bringen.

Für die *Bildhauerei* gilt Ähnliches, die (u. a.) die sexuelle Wirklichkeit dreidimensional, von minimal bis monumental, zum Ausdruck bringt.

Das *Theater* wiederum, Literatur auf die Bühne gehoben, eröffnet ein weites Feld, Sexualität zu versinnbildlichen, unter der Beteiligung folgender Protagonistinnen und Protagonisten: Den Autoren und Dramaturgen, den Regisseure mit ihren Teams und den Darstellenden, wobei diese wiederum nicht wissen, was sie beim Publikum auslösen, auf der Oberfläche der Sinne und in den Tiefen der Seele. Manche Schauspielerinnen und Schauspieler sagen, sie würden im Leben weitaus weniger (aus)leben können, weil begrenzt, als auf der Bühne, weil dort unbegrenzt: Verbales und

Nonverbales, Lust und Leidenschaft, Schmerz und Trauer, Leben und Tod, Sinnenreichtum und Sexualität, Fantasien und Grenzenlosigkeit, die Welt draußen drinnen zum Ausdruck gebracht, die Erfahrungen geweckt und Fantasien der Zuschauenden in weites Land verwandelt.

Die *Oper*, als eine Kombination aus Wort und Musik, erweitert die Wahrnehmungs- und Erlebnisfähigkeit der Menschen und bereichert ihr Leben durch begrenzte Möglichkeiten und grenzenlose Vorstellungen. Für mich ist sie die bedeutendste Quelle schöpferischer Sexualität, weil in ihr am intensivsten, exzessivsten, seelentiefsten, erregendsten und umfassendsten gelebte Sexualität zum Ausdruck kommt und vermittelt wird.

Als *Student* der Philosophie und Theologie, damals ohne Partnerin, verbrachte ich im Münchner Nationaltheater (oben im 5. Rang, Studentenplatz), mein halbes Leben mit all meinen Sehnsüchten, Gefühlen, Fantasien und (noch) nicht gelebten »Reinhold-Welten«: Verliebtsein, Sexualität, Erotik, Liebe, Krankheit, Tod, Macht und Gewalt. Ich war verliebt wie Cherubin, starb mit Isolde, ahnte den Orgasmus im Vorspiel zum Rosenkavalier, spürte eigene Sehnsüchte mit Mimi und Rudolfo, weinte am Bett von Traviata, verlor meine Ideale und meine Sicherheit im Ring der Nibelungen. Es waren damals nicht die Liebesnächte, die mich nicht einschlafen ließen, sondern die zutiefst berührenden Situationen, Geschehnisse, Lebensgeschichten der Sängerinnen und Sänger in den Rollen ihrer Schicksalsfiguren.

Alltäglich

Vom Aufstehen bis zum Einschlafen und in allen Bereichen des individuellen, gesellschaftlichen und politischen Alltags sind wir als geschlechtliche Wesen immer personell »Zentralfigur« und je nach Konstellation jeweils Beteiligte oder Betrachtende der sexuellen Welt. Kein Mensch ist ausgeschlossen, sei er berührt oder gleichgültig: das Baby, das kleine Kind, die Mädchen, die Jungen, die Erwachsenen und Alten, die Gesunden, Kranken, Sterbenden, in allen Situationen des Lebens, persönlich, familiär, gesellschaftlich, beruflich, politisch.

Wir können uns nicht aus der Geschlechtlichkeit ausklammern, nicht als Rentnerin, Fußballprofi, Hebamme, Banker, Nonne, Zuhälter, Urologe, Sozialarbeiter, Juristin, Gynäkologin, Schriftsteller, Krankenschwester, Schülerin oder Eremit, sei es privat oder beruflich.

Zu meiner Zeit, der Nachkriegszeit, war das Thema Sexualität sowohl im Privaten als auch in der Öffentlichkeit weitgehend unausgesprochen, verdrängt, tabuisiert, durch gesellschaftliche Moral und durch körperfeindliche Religionen sogar »verteufelt«. Gespräche über Sexualität gab es in meiner Familie nie; meine Eltern habe ich nie unbekleidet gesehen. Im Internat wurde, jeweils samstags, immer mit Badehose geduscht (hinter Vorhängen) und, wenn überhaupt, von »da unten rum« geredet.

Erst durch Aufklärungsaktionen, durch das Medium Fernsehen, den Film (Oswald Kolles Filme, herbeigewünscht, gelobt und verabscheut!), die Antibabypille, die gelockerte Sexualmoral, änderten sich Wissen und Einstellungen. Ich erinnere mich z. B. an Erika Berger, die in ihren Aufklärungssendungen Frauen »aufgefordert« hat, mit einem Handspiegel ihre Vagina zu betrachten.

In der Jetztzeit hat sich das Bild völlig verändert: Die globalen Multimöglichkeiten im Internet mit der inzwischen nicht mehr überschaubaren Informations- und Werbeflut, die Kabarettisten, Comedians, Filme (in denen in den ersten zehn Minuten Sexszenen kommen sollten, damit die Zuschauenden »dranbleiben«), die Fakes und grenzüberschreitenden sexuellen Visualisierungen haben uns die Naivität und Durchschau- bzw. Überschaubarkeit genommen.

Einzelpersonen, Internetfachleute bis hin zu politisch Handelnden sind mit der Vielfalt sexueller Phänomene konfrontiert und ihnen teilweise ausgeliefert, vor allem, was die Pornografie angeht, besonders gefährlich als visualisierter und live vollzogener Kindesmissbrauch.

Monogamie, Polygamie, Transsexualität, Diversität, Erotik, Liebe — die Menschen sind auf der Suche nach den für sie stimmigen und ihnen gemäßen Identitäten, Ausdrucks- und Verhaltensweisen – und dies ein *Leben* lang, das inzwischen annähernd 90 oder 100 Jahre zählen kann.

Die Bedeutung

Im Gesamtvollzug des Lebens hat die Sexualität eine besondere Bedeutung, die sich deutlich und sichtbar in allen Bereichen der Menschen zeigt: durch verbale und nonverbale Sprache, durch Gesten und Visualisierungen, durch die Vielfalt der Haltungen und Handlungen, körperlich, geistig und seelisch, interkulturell und global. *Sexualität* als Einzelbegriff hat dann immer die Bedeutung als Seinszustand, als Wesensteil des Menschen (= die Geschlechtlichkeit), während das Wort *sexuell* all das benennt, was zu ihren Verhaltensweisen, ihrem Tun und ihren Praktiken gehört, allgemein als »Sex haben« formuliert.

Bedeutung haben, heißt immer auch, dass etwas SINN hat, dass etwas wichtig oder sogar notwendig ist, sei es für Einzelne wie für, wie auch immer geartete, Gemeinschaften. Was wichtig ist, wird entweder kommuniziert, was widersprüchlich erscheinen mag, verheimlicht – und kann dann sogar innere oder äußere Schäden hervorrufen.

Nirgends wird deutlicher als im Bereich der Sexualität, dass wir soziale Wesen sind (»Es braucht mindestens zwei, damit eine/r sich erkennt.« Gregory Bateson), in der Unterschiedlichkeit, in Harmonie, im Missbrauch. Nichts verbindet uns so sehr, wie es uns zugleich trennen kann.

Im Zeitalter der Vielmitteilung, persönlich oder medial, bekommen das Bedeutende, Wichtige oder Notwendige, was die Menschen als soziales und *geschlechtliches Wesen* und ihre *Sexualität* betrifft, Raum durch »Aussprache«, Schweigen oder entsprechende Handlungen und Verhaltensweisen. Sie machen sich überall bemerkbar, scheinen überall aufzutauchen, überall zu sein, (offenkundig, geheim oder latent):

Im Privatleben: Eine Familie gründen, glücklich das geborene Kind im Arm halten, es stillen, streicheln, sich Sorgen machen, es vernachlässigen, weil das Hobby wichtiger ist, sich selbst befriedigen (und ggf. an jemanden dabei denken), das innige sexuelle Zusammensein genießen, der besten Freundin oder am Stammtisch davon erzählen, im Tagebuch Aufzeichnungen machen, im Streit das Schlafzimmer verlassen, sich als Süchtiger visualisierte Pornografie »reinziehen«, Bordelle besuchen, eifersüchtig sein, beiderseitig die Liebe erleben, die wundervolle Nacht in den Tag, in die Arbeit nehmen, verzweifelt über die Trennung sein, den Schmerz der Sehnsucht annehmen, Hand in Hand die Natur genießen, voller Freude ein Familienwochenende planen, ein ganzes Leben lang immer wieder davon träumen dürfen …

In Schule und Universität: Aufgeklärt werden und Informationen austauschen, sich vom Elternhaus entfernen, verliebt sein und »das erste Mal« erleben, Liebeskummer haben, Schule und Privatleben in Einklang bringen, Enttäuschungen verdauen, wissenschaftliche Studien betreiben, in Teams arbeiten, Examen feiern, Studium und Sexualleben ausbalancieren, Freundschaften schließen, ungewollt schwanger werden, Abhängigkeiten erleben müssen und sexuell bedrängt werden, in Wohngemeinschaften Nähe und Distanz erfahren.

Am Arbeitsplatz: Kolleginnen und Kollegen kennenlernen, Dates vereinbaren, Freundschaften, Paarschaften schließen, Neues neugierig ausprobieren, Angst vor Schwangerschaft haben, Nähe erleben dürfen und Trennungen aushalten müssen, Leitungsfunktionen übernehmen, mit Neid, Karriere und Ausgrenzung konfrontiert werden, kündigen, trösten und Verträge aushandeln, Vorgesetzte und Untergebene haben, sexuellen Übergriffen ausgesetzt sein, sich zwischen »Kind und Karriere« entscheiden müssen, vor der Ehe in die Arbeit und aus der Arbeit in Affären flüchten, Mobbing erleiden, Anerkennung bekommen.

In der Gesellschaft: Individualität und Leben in der Öffentlichkeit zulassen und schützen, sich über Formen der Sexualität in der Öffentlichkeit streiten, Institutionen, Organisationen, und Kultur fördern, sich an Demonstrationen beteiligen, wählen, sich gemeinnützig und sozial engagieren, Nachbarschaftshilfe leisten, Mitglied in Vereinen sein, die Natur schützen und nachhaltig leben, für Gerechtigkeit eintreten.

In der Politik: Für Recht und Ordnung sorgen, z. B. die Polizei stärken, kriminelles Verhalten unterbinden, sexuellen Missbrauch ahnden, Aufklärungsarbeit leisten, dem Gemeinwohl dienen.

Es ist augenscheinlich, in welcher Vielfalt Sexualität uns Menschen berührt, prägt, nährt, schmerzt, beeinflusst und unserem Leben Richtungen (in alle) gibt: von der Geburt bis in den Tod, von der Gleichgültigkeit über die Egozentrik, den Altruismus, die Mitmenschlichkeit bis hin zur Liebe: welch ein universelles Phänomen, die Sexualität.

In einem Aufklärungsbuch (für Jugendliche), Ersterscheinung im Jahre 2002 (J. Müller, D. Geißler) lese ich eine Passage (S. 44), die mich berührt und die für mich im Kern ALLES enthält, was eine Beziehung im Kontext der Sexualität ausmacht, nämlich die LIEBE:

> »Auf gar keinen Fall gibt es für ein Liebespaar den Zwang, miteinander zu schlafen. Auch Zärtlichkeiten mit Streicheln und Küssen können wunderschön sein. Und es ist also immer gut, über das zu reden, was da gerade passiert, auch wenn es schwer fällt [...]. Dein Körper, deine Seele und auch deine Gefühle gehören dir. Niemand darf damit machen, was er will.«

Und es ist für mich fast wie bei einem Tanz, speziell dem Pas de deux! Ein Solo für zwei. Voller Gefühle, immens im Ausdruck und in beidseitiger Hingabe! Ein Miteinandersein in vielen Formen und Sprachwelten.

2. Die Sprache und ihre Wirkung

Sexualität als menschliche Grundbefindlichkeit und als Ausdruck umfassender Vitalität wird durch eine Fülle von verbalen, nonverbalen, gestischen, taktilen und körperlichen Variationen zur »Sprache« gebracht, aus dem Bereich der Biologie, Medizin und des Alltags, von akzeptabel bis inakzeptabel, von verständlich bis unverständlich, von kopfnickend bis kopfschüttelnd, von »normal« bis obszön, je nach Abstammung, Lebensgeschichte, Konvention, Sprachvermögen, Kultur und geografischer Herkunft und Dialekt.

Sexueller Wortschatz

Durch ihn wird besonders offenkundig, welchen Stellenwert und welche Bedeutung die Sexualität im persönlichen Leben, im Bereich der Gesundheit/Krankheit und im Alltag der Menschen hat, wenn man die Fülle, Differenzierung und sprachliche Ausdrucksvielfalt betrachtet (wobei die folgende Aufzählung keineswegs vollständig ist):

* *Allgemeine Begriffe:* Heterosexualität (weiblich, männlich, divers), Homosexualität (lesbisch, schwul), Transsexualität, Libido, Attraktivität, Geilheit, Keuschheit, Unkeuschheit, Sperma, Kondom, Pille

* *Entwicklung:* Geburt, Kindheit, Jugend, Erwachsenenalter, das Älterwerden, Greis/Greisin, Tod

* *Geschlechtsmerkmale,* w: Vagina, Vulva, äußere und innere Schamlippen, Klitoris, Gebärmutter, Gebärmutterhals, Eileiter, Brüste; m: Penis, Hodensack, Hoden/Nebenhoden, Schwellkörper, Eichel, Vorhaut, Samenleiter, Prostata

* *Geschlechtsbesonderheiten,* w: Menstruation, Entjungferung/Defloration,

Empfängnis, Schwangerschaft, ggf. Abgang/Abtreibung, Geburt, Stillen, Wechseljahre, Menopause (die keine Pause, sondern die Beendigung der Menstruation ist), Alterung; m: Erektion, Samenerguss, Ejakulation, Pollution, Zeugung, Alterung

* *Synonyme für Vagina:* Scheide, Muschel, Muschi, Möse, Ritze, Schnecke, Spalte, Fotze, Loch, Schoß, Kätzchen u. a. m., je nach Lust und Fantasie

* *Synonyme für Brüste:* Busen, Oberweite, Titten, Möpse, Brustwarzen, Dekolletee, Ausschnitt

* *Synonyme für Penis:* Schniepel, Schwanz, (Morgen)Latte, Pimmel, Nudel, Rohr, Zipfel, Hammer, Pinsel, Rute, Diedel, Piepel, Glied u. a. m.

* *Bezeichnung für Geschlechtsverkehr (GV), Substantive*: Akt, Begattung, Beischlaf, Fick, Koitus, Kopulation, Liebesakt, Paarung, Schäferstündchen, Sex (oral, vaginal, anal) u. a. m. *Verben*: penetrieren, aufreißen, lecken, schlecken, fingern, kopulieren, koitieren, Liebe machen, miteinander schlafen, schwängern, bimsen, bumsen, vögeln, fingern, ficken, es treiben, es machen, es besorgen, nageln, rammeln, schnackseln, spritzen, blasen (u. a. m., im Internet über 60 Begriffe)

* *Selbstbefriedigung:* masturbieren, onanieren, wichsen, sich einen runterholen, fingern, ejakulieren

* *Prostitution: Bordell, Puff, Fickhotel,* Prostituierte, Hure, Nutte, Callgirl, Hostess, Liebesdienerin, Matratze, Strichmädchen, Zuhälter, Freier

* *Berufe:* Gynäkologin/Gynäkologe, Hebamme, Urologin/Urologe, Sexologen, Sexualtherapeuten, Sozialpädagogen

* *Sozialpädagogik/Pädophilie:* häusliche Gewalt, Vergewaltigung, Kinder-

pornografie, sexualisierte Gewalt an Kindern und Jugendlichen, kriminelles Verhalten, Ausbeutung durch das Internet

Dieser Wortschatz ist eine Mischung aus sachlicher Beschreibung, mit den Zielen von Information und Aufklärung, aus sprachlicher Übernahme von anderen und aus Gewohnheiten, aus sexuellen Mitteilungen, um darzustellen, zu beschimpfen, mit bewusster Absicht zu diskriminieren, bloßzustellen und in der Vielzahl, der Wortwahl und Menge schier grenzenlos.

Sexuelle Kommunikation

Sexuelle Multimöglichkeiten der Sender und Senderinnen mittels Gelerntem, Übernommenem, Fantasiertem, Einflüssen und Gewohnheiten, z. B.:

* Verpiss dich, du Wichser. Dich fick ich mal so richtig durch.

* Du schwule Sau; du Spasti; du Motherfucker

* Eine Bekannte zeigt mir einige Fotos von Männern, mit der Bemerkung:

»Mit denen hatte ich Sex.« Grinst und sagt: »Zehn Penisse.«

* Ein Mann stiert einer Frau auf den Busen. Darauf sie: »Na, genug gesehen?«

* Frau X: »Manchmal machen Männer von mir Fotos. Ich weiß, dass ich für sie eine Onaniervorlage bin.«

* Ein Mann rempelt auf der Straße eine Frau an und ruft: »Verzieh dich, sonst nehm' ich dich von hinten.« U. a. m.

Diese Art von Sprache schafft meist eine Wirklichkeit ohne Respekt und ist übergriffig. Sexualität wird u. a. als Instrument der Macht benützt.

»Leck mich im Arsch!«, aus *Götz von Berlichingen* von Goethe, ist ein literarisches Beispiel, und inzwischen sogar sexuell gesellschaftsfähig. Ich habe keine Theorie, warum diese Art von Sprache und die Fäkaliensprache benutzt werden, um körperlich und seelisch andere zu schädigen, jedoch eine Vermutung:

Die Sexualität gehört zu den Urphänomenen des Menschen, ist evolutionär von ganz besonderer Bedeutung und von Geburt bis zum Lebensende Teil des Körpers, des Geistes, der Seele. Verbale Beschimpfungen und Abwertungen, gestische Missachtungen und körperliche Übergriffe treffen deshalb besonders den »Nerv« der Angegriffenen.

Um Menschen besonders beleidigen, missachten, verletzen zu können, werden deshalb von den Angreifern »*Elemente*« ausgesucht, die den Angegriffenen besonders bedeutsam und eminent wichtig sind, die ihre Person, ihre Vitalität, ihr ganzes Leben tangieren, und diese werden dann als Mittel benutzt, um die Betroffenen »in den Schmutz zu ziehen«, zu schädigen, fertigzumachen und körperlich wie seelisch »auszulöschen«.

»Du komisches Gesicht, du Kurzarm, du Blödmann« trifft deshalb weitaus weniger als »Du Fotze, du Schlappschwanz, du Versager«, wobei inzwischen eine Reihe von Ausdrücken der Inflation erliegen, zur Gewohnheit geworden sind und deshalb kaum mehr Wirkung zeigen.

Leider kann es dann auch sein, dass, wenn Menschen selbst vital betroffen sind, diese Mittel, diesen Wortschatz und die entsprechenden Handlungen aus dem Bereich der Sexualität auch anderen gegenüber anwenden und weitergeben, genau das, was sie selbst erfahren und erlitten haben. »Gelernt ist gelernt!«

Andere (Sprach)Mittel stehen ihnen nicht zur Verfügung.

Deshalb ist es von großer Bedeutung, bereits von frühester Kindheit an sowohl nonverbal als auch verbal Verhaltenshilfen zu geben, gleichsam als »soziales Geländer«, die leiten, schützen, führen und begrenzen.

Ich habe bereits während meiner Lehrerzeit mit Kindern und Jugendlichen anstelle von sexualisiertem Wortschatz andere Mittel angewandt, wenn Ärger, Wut, Aggressionen u. ä. sie erfasste: Auf Telefonbücher mit Holzknüppeln einschlagen, allein in den Schreiraum gehen, um das Schulhaus rennen, in Kleingruppen reden, neue Wörter erfinden, deren Anwendung die Seele erleichtert, ins »Privatbüchlein« was schreiben, mich zu Hilfe rufen (in Notsituationen gibt es kein Petzen).

Zum Glück gibt es aber auch zwischenmenschliche Begegnungen unter den Geschlechtern mit wertvollen Berührungen und Kontakten, eine ganz besondere Art der »Sprache«:

* Als kleiner Junge, so erzählt mein Vater, bin ich den erwachsenen Besuchern auf den Schoß gehüpft, hab sie umarmt und gefragt: »Mogst mi?« (Magst du mich?)

* Nach dem Krieg wurde ich als Stadtkind aufs Land zur »Kinderkur« geschickt, was in Nazideutschland »Kinderlandverschickung« hieß. Mit anderen Jungen stand ich vor der Herberge, wartend, bis uns jemand ins Haus führte. Am Schluss war ich allein, furchtsam und traurig. Da kam ein großes Mädchen auf mich zu, nahm mein Köfferchen in ihre Rechte und meine Hand in ihre Linke. Sie führte mich ins Haus und zeigte mir alles. Ich fühlte mich geborgen und habe es bis heute nicht vergessen.

* Ich stehe an einer Straße, will auf die andere Seite, neben mir ein Mädchen anscheinend auch. So gern hätte ich es an die Hand genommen. Doch das geht nicht! Ich sehe eine Frau, deute auf das Mädchen. Sie versteht sofort, geht auf es zu und begleitet es über die Straße. Ich bleibe zurück, mit Tränen in den Augen.

* Samstagvormittag: Ich hole Brötchen. Während ich sie bezahle, sehe ich ein Mädchen, etwa 12 oder 13 Jahre alt, wie es in seinem Geldbeutel kramt, und höre die Verkäuferin sagen: »Ich krieg noch einen Euro von dir.« Heimlich schiebe ich den über den Ladentisch und gehe aus dem Geschäft. Auf der Straße höre ich Schritte, will mich umdrehen, da spüre ich einen Kuss auf meiner Wange. Das Mädchen huscht vorbei, dreht

sich um und sagt »DANKE«. Und verschwindet in der Seitengasse. Ich bin gerührt!

Der Begriff stammt aus dem Englischen und bedeutet Geschlecht, sozial und nicht biologisch gemeint, mit dem Anspruch der Gleichheit und Gleichwertigkeit der weiblichen und männlichen Menschen in den Bereichen Sexualität, Verhalten und Sprache.

Die deutsche Sprache hat drei, die englische nur einen Artikel, und hier bereits beginnen die Wurzeln der Wünsche, Forderungen und Missverständnisse, was das Gendern betrifft:

Pflanzen: der Bärlauch, die Nelke, das Veilchen, der Kaktus, die Rose, das Gänseblümchen, der Baum, die Zweige, das Blatt

Tiere: der Eber, die Sau, das Schwein, der Elefant, die Maus, das Rotkehlchen, der Wolf, die Ratte, das Kamel

Menschen: der Verein, die Gruppe, das Team, der Mann, die Frau, das Kind (sächlich), die Fußballmannschaft, die Fußballfrauschaft (?)

Berufe: der Schreiner, die Prostituierte, das Stubenmädchen, der Internist, die Hebamme, das Model

Institutionen: der Bundestag, die Regierung, das Parlament, der Ritterorden, die Sekte, das Finanzamt

In-Anhängsel: Polizistin, Ärztin, Lehrerin, Juristin, Sekretärin, Pfarrerin, Sängerin, aber auch: Päpstin, Gästin,

Alltag: Im Zug ertönt eine Stimme: »Dringend ein Arzt in Wagen X!« Welche Ärztin würde da sitzen bleiben? »Fragen Sie Ihren Arzt oder Apotheker!«

(Es gibt inzwischen mehr Apothekerinnen als Apotheker.) »Den Friedensnobelpreis erhalten zwei Journalisten (eine Frau, ein Mann).« Viele Lehrerinnen stellen sich als »Lehrer« vor. Ein weiblicher Bauingenieur sagt: »Ich brauche kein ‚in‘, ich bin emanzipiert genug.« Ich halte einer Frau die Tür auf. Die eine: »Danke!« Die andere:« Kann ich selbst.« Person A: »Ich habe kein Geschlecht. Ich bin Mensch.«

Ungereimtheiten: »Gott sei Dank, dass ich Atheist bin«, sagte Herr Teufel. »Ich bin Apotheker«, sagte Frau Bäcker. Mühldorf ist eine Stadt ohne Mühle. Frau Schneider ist Bürgerinmeisterinkandidatin.

Namen: »Darf man noch *Führer*schein sagen?« (Loriot) – Bleibt *Heil*bronn?

Wie geht es Herrn *Fick* und Frau *Scheide*? Menschen meiden *Kohl*rabi, *Neger*küsse, *Mohren*kopf und *Schwarzen* Tee! Und schreiben N. und F. Ich habe gern als kleines Kind der Negerleinfigur einen Pfennig in die Spalte am Kopf eingeworfen. Es hat so schön genickt!

Wie auch immer:

1. Umfragen ergeben, dass die Bevölkerung uneins in der Genderhandhabung ist und es keine Mehrheiten gibt:
   – Die einen haben keine Ahnung, und der Begriff gender ist ihnen unbekannt.
   – Die anderen kommen mit dem Anhängsel »in« nicht klar und plädieren für Ärzt:innen. (Die Bildungsministerin verbietet das *.)
   – Wieder andere, vor allem Frauen, nehmen es, wie es kommt, sind sogar gegen sprachliche Veränderungen. Zitat: »Gendern finde ich reaktionär«, äußerte Elke Heidenreich. Aufschrei!
   – Und schließlich gibt es Personen, die Wert auf weibliche und männliche Bezeichnungen im gleichen Atemzug sagen: Ärztinnen und Ärzte,

Politikerinnen und Politiker, Bürgerinnen und Bürger, Genossinnen und Genossen (In einer Radiosendung habe ich binnen 45 Minuten annähernd 45-mal diese »Doppelpacks« erdulden müssen.)

2. Meine Meinung, meine Entscheidung:
– Ich werde keine Historien verändern: quod scripsi, scripsi (was ich geschrieben habe, bleibt geschrieben.)
– Ich werde keine semantischen »Verrenkungen« vornehmen, um sprachlich zu gendern.
– Ich werde kommunikativ so klar wie möglich senden und sehr auf die unterschiedlichen *Reaktionen/Antworten* achten, um dann wiederum stimmig handeln zu können. Deshalb gibt es für mich auch keine Missverständnisse, sondern jeweils ein »Andersverstehen« mit Dialog und Klärungsbedarf:

Auf die Haltung kommt es an

Im alltäglichen Genderumgang *bin ich auf alles gefasst*, zwischen Null und Hundert ist alles möglich, sei es im persönlichen Gespräch, in Begegnungen auf der Straße, in Lokalen und Toiletten, in Geschäften, Sporthallen und Freizeitanlagen u. a. m. Welche sexuellen Orientierungen die Menschen haben, spielt für mich erst dann eine Rolle, wenn ich mit ihnen Kontakt aufnehme, wenn sie von sich aus ansprechen, wohin sie gehören und was sie empfinden, ob sie auf der Suche oder »angekommen« sind, ob sie sich zufrieden, glücklich oder hin- und hergerissen fühlen. Dann bin ich da, zuhörend, antwortend und dialogisch.

Ich nehme wahr, beschreibe und enthalte mich der Bewertungen, wobei sich die bisherigen Konventionen mit den neu entstandenen Wirklichkeiten verbinden können.

3. Praktizierte Sexualität

Die Realität, die Formen und Praktiken des gemeinsamen sexuellen Zusammenseins, des zwischenmenschlichen Austausches der Menschen und deren Sprache zeigen, dass es immer um Kommunikation geht, wie übereinstimmend, unterschiedlich und »sperrig« sie auch sein mögen, und dass es kaum Selbstverständlichkeiten gibt, sondern vielzählige Überraschungen, besonders in sexuellen Beziehungen.

Einzelne oder Paare (hetero- oder homosexuell) sagen mir öfter, wenn sie in den Beratungen ihre Belastungen, Probleme, Nöte nennen: »Aber im Bett klappt es bestens.« Und merken dann im Laufe der Zeit, dass das »bestens« auf wackeligen Beinen steht und sie überrascht sind, was alles zum Vorschein komm, und zwar sowohl aus dem Schlafzimmer (= sexuelles Verhalten) als auch aus der gesamten »Wohnung« (= Sexualität im Alltag).

Wir sind ein *Leben lang* durch unsere Sexualität geprägt und mehrfach »veranlagt« oder, noch deutlicher: Es gibt keine Sexualität und keine sexuellen Verhaltensweisen und Praktiken ohne diese Veranlagungen, unabhängig davon, wo wir durch die *Biologie* mit unserem Körper und unseren Geschlechtsorganen sind, durch die *Medizin* mit unserer Gesundheit und unseren Krankheiten, durch die *Kultur* mit unseren weitreichenden Kulturtechniken, Fähigkeiten und Darstellungen, durch die *Psychologie* mit unseren seelischen Befindlichkeiten, durch die *Sozialität* mit unseren gesellschaftlichen Einflüssen und Prägungen und durch die *Kommunikation und Beziehungen* mit unseren zwischenmenschlichen Verhaltensweisen. Vor allem die beiden letzten Bereiche sind entscheidend für die Qualität unserer sexuellen Gemeinsamkeiten.

Die Entwicklung dieser Qualität mit dem Namen *Persönlichkeit* beginnt bereits im frühen Kindesalter, setzt sich in der Pubertät fort, »reift«, bis wir erwachsen sind, und setzt sich weiterhin fort.

Die Konsequenz: Die Eltern haben die umfassende Aufgabe der »Entwicklungs-hilfe« statt Entwicklungshemmung (siehe auch M. Winterhoff

2008 und R. Miller, 2013), und zwar für *Körper* (Wohnung, Nahrung, Bewegung, Hygiene, Gesundheit, Schlaf, Kleidung), *Geist* (Anregungen, Impulse, Eigenständigkeit, Bildung) und *Seele* (Zuwendung und Zuneigung, Geborgenheit, Gefühle, Sicherheit, Schutz, Frustrationstoleranz).

In zwischenmenschlichen *Beziehungen* sind emotionale Stabilität, Gewissenhaftigkeit, Extraversion, Offenheit für Erfahrungen und Verträglichkeit (bekannt als Big Five) bedeutsame Merkmale und auch für sexuelle Kontakte, Begegnungen und Beziehungen von großer Bedeutung, neben einer Reihe von anderen Eigenschaften. Wie würde wohl Sex ohne diese fünf erlebt werden?

Beziehungsfachleute sagen uns bisweilen auch, leise und laut: Bitte sei in Kommunikationen auf alles gefasst! Auf das, was in dir geschieht und du wahrnimmst, und auf das, was von außen auf dich zukommt und dich berührt, mit all deinen Gefühlen und Kognitionen, mit all den Menschen, die dir begegnen, und all den Schicksalsereignissen, denen du ausgesetzt bist.

Zur Bewusstseinserweiterung, Reflexion und Handlungssicherheit biete ich Ihnen, liebe Leserinnen und liebe Leser, deshalb nachfolgend einige »kommunikative Stationen« an, in denen dieses Verbunden- und Verknüpftsein deutlich wird: *Auf alles gefasst sein – streiten: besser nicht – ohne Ärger – Kränkungen – dreifach kommunizieren – Gefühle und Emotionen.* Für Sie informativ und trainingsrelevant »serviert«, mit dem Ziel der Integration in die eigene Sexualität und als »Guthaben« für sexuelle Verhaltensweisen, menschenfreundlich und sozialverträglich.

Auf alles gefasst sein

Zwei gute Nachrichten: Die eine: »Möchtest du meine Frau werden?«, sagt der Mann und kniet sich vor seiner Liebsten hin. Sie ist völlig überrascht. Tränen der Freude! Die andere: »Ich bin schwanger«, sagt sie – nach einer langen Wartezeit – und winkt mit dem Testergebnis. Innige Umarmung! Wie schön!

Zwei schlechte Nachrichten: Die eine: Viel Streit tagsüber, regelmäßig Sex zwischendrin, bis sie sich zu dem Satz aufraffen kann: »Mir macht das keinen Spaß mehr.« Und bekommt zur Antwort »Stell dich nicht so an!« Die andere: »Ich habe mich verliebt, in einen anderen«, sagt sie, mitten am Tag ohne Vorwarnung. Er völlig konsterniert. Hilflos beide – und tagelanges Schweigen.

Auch wenn es nicht immer so gravierende Situationen/Ereignisse gibt, so ändert dies nichts an der Tatsache, dass man in Kommunikationen auf manches, vieles, Unerwartetes gefasst sein muss. Wir können nicht sicher wissen, wie unsere Mitteilungen und Nachrichten beim Gegenüber ankommen und was sie bei ihm auslösen/bewirken. Und wir können oft nicht sicher wissen, vorausahnen, mit welchen Botschaften wir konfrontiert werden.

Jede empfangene Botschaft ist das Konstrukt des Empfängers. Denn unsere Wahrnehmungen und unser Verstehen sind sehr unterschiedlich geprägt und beeinflusst durch
- die genetische Disposition und Persönlichkeitsstruktur
- die Herkunft, den Kulturhintergrund und Bildungsstand
- die eigenen Lebensgeschichten und zwischenmenschlichen Erfahrungen
- die persönliche Befindlichkeit und die momentane Situation
- die Art der Beziehung und das soziale Umfeld
- die Sprache/den Dialekt und den jeweiligen Kontext
- die Hörgewohnheiten, Fantasien, Motive und Absichten
- die Umstände und den Kontext

Ein Beispiel:

Im Speisesaal einer Akademie frage ich eine Dame, die allein an einem Tisch saß, ob dies hier der Vegetariertisch sei, worauf ich in schnippischem Ton zur Antwort bekomme: »Warum, sehe ich so aus?« Nach einer kurzen Unterhaltung mit ihr erfahre ich, dass sie meine Botschaft nicht als Informationsfrage, sondern als *»Frotzelei«* und *»Anmache«* deutete. Im Gespräch mit ihr stellte sich heraus: Sie hat sich seit Längerem auf vegetarische Kost umgestellt, wurde von ihren Angehörigen des Öfteren darüber belächelt und übertrug ihre negativen Erfahrungen auf mich.

Es sind die genannten Variablen mit all den Erinnerungen, Erfahrungen, Gefühlen, die das Hören und Aufnehmen bestimmen, die gleichsam »dazwischenfunken« und dreinreden, wenn Menschen miteinander sprechen und auch sexuell sich begegnen: Angenehmes, Unangenehmes, Erfreuliches, Unerfreuliches, Bloßstellungen, Verletzungen, Kränkungen aus der Vergangenheit werden wach und in der Gegenwart aktiviert. Es ist ein Irrtum, zu glauben, dass diese Variablen aus den Schlafzimmern verbannt werden können. Verdrängt ja! Subkutan bleiben sie bestehen und können sich zu den günstigsten und ungünstigsten Situationen melden und sich sowohl heilsam als auch unheilsam äußern. Besonders die Dynamik der Gefühle ist »hartnäckig«.

Deshalb sind u. a. auch Dates für manche ein »heißes Pflaster«, trotz schriftlicher »Vorankündigung«. Nach einem Date gehen Sie unzufrieden allein nach Hause mit dem Gedanken, Sie hätten doch ziemlich verständlich, eindeutig und klar kommuniziert, ohne Vorurteile und Vorwürfe. Dennoch wurde das Gespräch immer einsilbiger und das Ende schließlich eine Erleichterung und Erlösung. *Die Daten* allein genügen nicht. Sie haben zu wenig Aussagekraft. Das Äußere betonen, attraktiv aussehen, sexy sein, auf die Kleidung besonderen Wert legen. Im Gespräch so tun als ob. Das Beste geben, außergewöhnlich sein, was auf Dauer nicht durchhaltbar ist, *möglichst extravagant erscheinen wollen, was auf Dauer zu anstrengend ist.*

Beziehungsbrücke bauen: authentisch sein, und das heißt, eine Balance und Übereinstimmung zwischen den eigenen Gefühlen, Gedanken und Verhaltensweisen finden und sie zeigen, im Reden wie im Tun.

Unvergessen: Herr X. äußert mir gegenüber seine Meinung. Als Experiment nehme ich sie zur Kenntnis und sage bewusst das Gegenteil, darauf er: »Genau so habe ich es gemeint!«

Was Menschen mit uns im Kontakt aktivieren, haben wir nicht in der Hand und darüber keine Verfügung. Deshalb gehören zum Senden von

Nachrichten auch das Bewusstsein und die Vorbereitung, »auf alles gefasst zu sein«. Dadurch gibt es höchstens Überraschungen für den Sender (»Das hätte ich jetzt nicht gedacht, dass …«), aber seltener Verletzungen und Kränkungen. Es ist interessant und aufschlussreich, wie aussagekräftig ein Blick in unterschiedliche Charaktere ist.

Stellen Sie sich vor, dass im Gespräch zwei Menschen (weiblich/männlich) aufeinandertreffen, die sehr unterschiedliche Variablen aufweisen:

Die Variablen	*Person A*	*Person B*
Persönlichkeit	dominant	zurückhaltend
Herkunft	einheimisch	ausländisch
Lebensgeschichte	meist sicher	meist unsicher
Bildungsstand	Akademiker	Arbeiter
Befindlichkeit	skeptisch	unzufrieden
Art der Beziehung	distanziert	zugänglich
soziales Umfeld	zivilisiert	ordentlich
Sprache	elaboriert	volkstümlich

Ob und wie und wie lange das zusammenpasst? Was ist zu tun?

Um das, was beim anderen ausgelöst wird, nicht zu übergehen, sondern es eventuell aufzugreifen und verständnisvoll darauf zu reagieren, ist es wichtig, »kleinschrittig« zu kommunizieren. Auf ein kommunikatives »Pingpongspiel« übertragen heißt das: Dem Gegenüber nicht die Bälle um die Ohren hauen, sondern ihm Gelegenheit geben, mitzuspielen, mit dem Ziel, auf beiden Seiten »Ball um Ball« oder »Satz für Satz«, Schritt um Schritt miteinander zu reden. Es gibt nichts Schlimmeres, als ausschweifende Monologe zu führen, durch die der/die andere ins kommunikative Abseits gerät. Für mich ist dies auch ein Akt des Respekts vor der Lebensvielfalt der anderen, vor ihren Gedanken, Gefühlen, Ansichten, die ich ernst nehme. Zudem braucht das Gegenüber Zeit zum Aufnehmen, »Verdauen« und Antworten, und beide Seiten benötigen den Erfahrungsaustausch, das Zurückblicken, Probephasen in der Gegenwart und das Ausbalancieren der entdeckten Wirklichkeiten.

Was wir mitbringen: Wir stehen auf den Schultern unserer Vorfahren. Wir sind geprägt von Erlebnissen und Erfahrungen aus unserer Lebensgeschichte.

Dies ist dann ein meist weitreichendes Problem von Paarschaften, wenn der Altersunterschied sehr groß ist und die Lebensgeschichten erhebliche Unterschiede aufweisen. Die beiden Menschen leben im Spannungsfeld großartiger Möglichkeiten und Chancen, erheblicher Belastungen und widerstrebender Bedürfnisse. Sie haben unterschiedliche Arten der Kommunikationen und Beziehungen. Sie werden mit Schnelllebigkeit und Halbwertzeiten von Wissen, Sinnhaftigkeit von Bildung und gesellschaftlicher Vielfalt konfrontiert.

Diese hohe Komplexität und dichte Vernetzung fokussieren sich letztlich immer wieder auf Sie mit Ihrer Vergangenheit und Fragen: Wo komme ich her, was hat mich geprägt, welchen Einflüssen bin ich ausgesetzt worden, mit welchen Problemen muss ich mich derzeit auseinandersetzen? Und dies auf der rationalen und emotionalen Ebene.

Unsere eigenen Lebensgeschichten treffen immer auf Lebensgeschichten anderer.

… und können zu Brücken, aber auch zu Grenzzäunen werden:

ER hatte vor der Ehe viele Beziehungen. Jetzt fühlt er sich eingeschränkt, und jedes Ausgehen beantwortet er mit Eifersucht.

SIE führt einen perfekten Haushalt, schon immer, von klein auf eingeübt. ER, als ehemaliger Junggeselle, ist »Chaot« im Liegenlassen und Nichtaufräumen.

ER ist »Fußballfan.« Heim- und Auswärtsspiele besucht er regelmäßig, inklusive anschließendem langen Stammtisch. SIE ist seit Jahren »Samstagswitwe«.

SIE ist gewohnt, viel zu erzählen, ausführlich. Das Aufhören fällt ihr schwer. ER schaltet ab, lässt sie ins Leere reden. Das geht schon seit Jahren so.

ER ist Autofan, was SIE zu Beginn ihrer Ehe genoss: herrliche Ausflüge. Jetzt hat sie ihn verloren, denn seine Liebe gehört inzwischen seinen drei Autos.

SIE hat sich der Malerei verschrieben und verbringt viel Zeit in ihrem Atelier. ER beschäftigt sich stundenlang mit seinem Computer. Abwechslungsreiche Gemeinsamkeiten gibt es schon lange nicht mehr.

SIE trauert ihrer »Jugend nach«, während ER sich sexuell von ihr abwendet.

ER geht völlig in seinem Beruf auf, zusätzlich gestresst, weil Neuerungen ihn überfordern. SIE widmet sich mütterlich nur noch ihren beiden Enkeln.

Sexuelle Gemeinsamkeiten können dann ein Weg sein, (wieder) zueinander zu finden: von Lust übermannt (!), voller Sehnsucht Geborgenheit suchend, sich fallen lassen und sich ablenken, leidenschaftlich in einen Rausch verfallen, sich ablenken in der Hoffnung, die Spannungen würden sich lösen, Versöhnung feiern, die Erotik erleben und die Liebe (wieder) leben.

Bemerkung: Wenn ich von SIE und ER schreibe, dann meine ich damit in erster Linie weibliche und männliche »Strukturen«, die in jedem weiblichen und männlichen Menschen unterschiedlich vorhanden sind.

Auch wenn man auf alles gefasst ist, kann es zu Streit kommen, ein gefährliches Unterfangen: »Ich streite gern«, sagte A. »Und du gewinnst wohl auch gern?«, äußerte B. Daraufhin nickte A, und B fragte: »Und wie geht es dann den Verlierern?«

Für die meisten Menschen, die ich zum Thema Streiten befragt habe, ist dieses Wort negativ besetzt und stark mit der Erfahrung des Gewinnens und Verlierens, von Sieg und Niederlage verbunden. Deshalb lehne ich den Begriff *Streit*kultur ab und spreche dafür von *Gesprächs*kultur.

Streitmustersätze:

DU hast ja keine Ahnung. Das ist alles Quatsch, was du da sagst.

Ich muss Ihnen widersprechen.

Wieder typisch: immer alles schönreden!

Mach erst mal Abitur. Dann kannst du mitreden.

Hör mir auf mit deinen Gefühlen. Unerträglich!

Du wirst immer gleich ausfällig. Hör mir erst mal zu.

Du musst immer das letzte Wort haben. Du hast überhaupt kein Gespür, was du mit deiner Arroganz anderen antust!

Das Streitmuster:

Streitende bevorzugen die sogenannte »Überkreuzkommunikation«. Sie sagen nichts von sich, sondern befinden sich im »DU-gegen-DU-Modus«: »Du hast ...; DU bist ...«: Beleidigtsein, Vorwürfe, Anschuldigungen, Schuldzuweisungen, Retourkutschen, Kontern, Unversöhnlichkeit.

Hinter diesen »Streitsätzen« jedoch, formuliert als Rechthaberei, Bagatellisierung, Abwertung, Ironie, Sarkasmus, Zynismus, Macht, stehen meist eigene persönliche Mitteilungen wie Betroffenheit, Enttäuschung, Verletzung, Kränkung, Angst, Minderwertigkeitsgefühle, Hilflosigkeit, Verzweiflung und Mangel an Selbstbewusstsein.

Deshalb sind authentische Aktionen und Reaktionen »notwendig« (und lernbar), weil sie die Beziehungen nicht zerstören, sondern aufbauen und fördern. Dann wird aus der »Streiterei« eine wirkliche Gesprächskultur, und zwar, wenn Menschen

- klar ihre Meinungen sagen und die Meinungen der anderen akzeptieren
- sich von anderen Meinungen distanzieren (»Ich denke da ganz anders.«)
- unverfälscht und dennoch sozialverträglich, ihre Gefühle äußern (Wut, Zorn, Ärger, Angst ...)
- sich selbst behaupten, Wünsche und Erwartungen mitteilen
- vorwurfsfrei zuhören, überlegen und ggf. ihre Meinung ändern
- nach Gemeinsamkeiten suchen und Vereinbarungen treffen
- beobachten, entscheiden, Rückmeldungen geben, sich abgrenzen
- offen sind für Vorschläge, mit oder ohne Vermittlerpersonen
- das Gespräch, mit oder ohne Vereinbarung, friedlich beenden
- sich gegenseitig Zeit zum Neubeginn gönnen
- sich versöhnen und ggf. (freiwillig) um Verzeihung bitten
- sich Pausen nehmen und, auch körperlich, aufeinander zugehen
- akzeptieren, dass sie verschiedene Lebensgeschichten haben
- statt Meinungen abzulehnen neugierig auf sie sind
- kreativ statt destruktiv leben
- auch in der Lage sind, temporär für sich sein zu können
- sich ihre Lebensgeschichten »erzählen«

Bemerkung: Es kann sein, dass Menschen manchmal gern und mit Lust streiten. Da geht es dann weniger um das Siegen und Verlieren, sondern um sprachlichen Wettstreit, rhetorische Kunstfertigkeiten, argumentativen Austausch und um verbales »Pingpong«!

Etwas anderes ist es, wenn Streiten verstanden wird als die Absicht,

die Wirklichkeit des Gegenübers vernichten zu wollen, um an deren Stelle die eigene absolut zu setzen.

Und wenn eine Faust bei Streitigkeiten zuschlägt, dann schlägt in ihr meist ein blutendes Herz.

Sexuell gefärbte »Austeiler«:
– Im Schönheitswettbewerb kannst du nicht mehr mitmachen.
– Mein Gott. Und früher hast du mich noch begehrt. Da warst du ja noch attraktiver! – Und du charmanter.
– Sei froh, dass ich keine Freundin habe. – Weiß man's???
– Die Zeitung am Abend ist dir lieber als ich. Claro. Macht mich ja neugierig, du schon lange nicht mehr.
– Was ist bloß aus uns geworden???

Statt *Streit-»Unkultur« Gesprächskultur* üben und pflegen:

– Jeder Mensch hat seine eigenen Erfahrungen, seine persönlichen Wirklichkeiten, seine Vorstellungen von Wahrheit.
– Jeder hat das Recht auf eine eigene Meinung: Meinungen sind eben Ansichtssache.
– Jeder hat das Recht, sie mitzuteilen: Viele Meinungen ergeben ein buntes Bild.
– Sichtwechsel erweitert den eigenen Blickwinkel, und die Position der anderen bringt bisweilen Überraschungen.

- Positionen haben Vor- und Nachteile. Gehen wir auf die Suche und wägen wir ab.
- Mit kleinen Schritten kommt man besser ans Ziel. Man kann dabei mehr sehen und weniger übersehen.
- Die Suche nach Gemeinsamkeiten bringt Gewinn für beide. Jeder soll als Gewinner vom Platz gehen (Win-win-Modell).
- Vereinbarungen sind der Knoten, der den Sack zumacht. Jeder weiß, wie er dran ist.
- Bei Nichtvereinbarungen kann man in Frieden auseinandergehen und sich in Ruhe lassen.

Auf die Sprache der Sexualität, auf die sexuellen Begegnungen übertragen, hört, fühlt sich das dann so an, nämlich als eine Mischung aus Mitteilung und Empathie: Es tut mir leid, dass …; Ich war zu schnell …; Ich hab dich überfahren, war in Rage, in Stress, war unbedacht, wollte eigentlich ganz was anderes … Oder: sich Stille erlauben und inneres Mitteilen, achtsam sein für die gegenseitigen Bedürfnisse und entsprechend körperlich agieren, reagieren.

> »Ich glaube, das größte Geschenk, das ich von jemandem bekommen
> kann, ist, dass er mich sieht, mir zuhört, mich versteht und mich
> berührt.
> Das größte Geschenk, das ich einem anderen Menschen machen
> kann, ist, ihn zu sehen, ihm zuzuhören, ihn zu verstehen und ihn zu
> berühren.
> Wenn das gelingt, habe ich das Gefühl, dass wir uns wirklich begegnet
> sind.« (Virginia Satir)

Und dann kann auch das kleinste Schlafzimmer zu einer Insel der Selig-
keit werden.

Ohne Ärger

*Ärger ist einer der größten Gesprächskiller. Ärger ist kein Gefühl, sondern
ein Aggregatzustand im Hormonhaushalt der Menschen.* Der Begriff wird
gelernt.

Kinder kennen ihn nicht. Sie zeigen ihre Gefühle durch Unbehagen,
Stampfen, indem sie ihr Gesicht verziehen, schreien – und wir Erwachsene
wissen dann, woran wir sind. Ärger jedoch bleibt anonym. Wir müssen
immer sagen, worüber wir uns ärgern.

Beispiele: Ich ärgere mich,
weil du dein Zimmer nicht aufgeräumt hast. (Ich fühle mich unwohl.)
weil du schon wieder zu spät kommst. (Ich habe lange auf dich gewartet.)
weil du keine Zeit mehr für mich hast. (Ich bin oft allein.)
weil du auch noch am Wochenende arbeitest. (Ich würde lieber gerne
mit dir …)
Schier grenzenlos gibt es also Menschen und Situationen, über die man
sich ärgern kann. Was die Menschen betrifft, so heißt ihr häufigster Satz:
»Ich ärgere mich, weil DU …«

Nun steckt allerdings hinter jedem DU ein ICH, das vorzuziehen ist. Ohne ICH kein Aufeinanderzugehen, ohne ICH keine Zuneigung, ohne ICH keine Lösung, ohne ICH sexuelle Einsamkeit. Deshalb: statt dem Ärger sich lieber dem ICH zuwenden:

Statt: Ich ärgere mich, weil DU …	*Besser: weil ICH …*
– zu spät kommst	– warten muss
– mir nicht zuhörst	– mich nicht beachtet fühle
– Termine verpasst	– Mehrarbeit habe
– negativ über mich redest	– mich schäme
– nicht mit mir kooperierst	– alles allein machen muss
– mich bloßstellst	– erniedrigt werde
– nur an dich denkst	– ich mich übergangen fühle

Wer sich über *jemanden* ärgert, sagt sehr viel über sich selbst aus.

Solange wir den Ärger am anderen, am DU »festmachen«, so lange bleiben wir von ihm abhängig, z. B.: Ich ärgere mich erst dann nicht mehr, wenn
– mein Mann das Zimmer aufgeräumt hat.
– meine Frau endlich abgenommen hat.
– mein Kollege das Rauchen aufgehört hat.
– meine Kollegin mich nicht mehr vollquatscht.
– mein Sohn nicht mehr heimlich mein Auto benützt.
– meine Tochter weniger Zeit im Bad verbringt.

Diese Abhängigkeit vom Verhalten anderer reduziert sich oder schwindet, und die eigene Autonomie kommt zum Tragen, wenn wir vom DU-Ärger zum ICH-Ärger und von dort zu *Selbstmitteilungen* und *Handlungen* wechseln. Denn das eigene Ich können wir selbst verändern, sind also handlungsautonom.

Ärgersätze blockieren die Beziehung, während persönliche Mitteilungen Klärungen bringen. Also: DU-Ärger raus, Ich-Ärger raus, Handlungen rein!

Es genügt, ohne Ärger, dem/der anderen zu sagen: »ICH fand es schade, schlimm, bedauere es …, dass ich warten musste, Mehrarbeit hatte, mich nicht beachtet fühlte, alles allein machen musste, ich mich erkältete …«

Beispiel: Sie reden mit jemandem und diese Person beginnt den Satz mit: »Ich ärgere mich, weil DU/SIE …« Eigentlich will sie sagen: »Ich habe auf Sie gewartet, hatte Mehrarbeit, fühlte mich allein …«

Anmerkung: Ärzte beispielsweise teilen Patienten ihren Ärger nicht mit (wenn diese weiterhin rauchen, keinen Sport treiben oder keine Medikamente nehmen), sondern weisen auf die Konsequenzen hin.

Für mich sind die Ärgermitteilungen immer ein Bypass, ein kommunikativer Umweg mit Stolpersteinen. Ich brauche ihn nicht, sondern ich sage jeweils meine Befindlichkeit: Wie es MIR geht, was ICH möchte, was MIR wichtig ist, und lade meinen Ärger nicht bei anderen ab, sondern teile ihnen meine Gefühle, Gedanken und Handlungsabsichten mit: Ich möchte den Abend lieber mit dir verbringen. Ich brauche Zeit zum Verdauen. Ich kann nicht sofort wieder freundlich sein …

Ohne Ärger leben

– Stress meiden: Er ist einer der größten Ärgerauslöser. Es braucht nur eine Kleinigkeit, und schon möchte man aus der Haut fahren.
– Im Jetzt leben: Wer die Altlasten der Vergangenheit und die Fantasielasten der Zukunft mit sich herumschleppt, hat kaum noch die Kraft für die Reallasten der Gegenwart und ärgert sich womöglich über jede (Belastungs)Kleinigkeit.
– Für Neues offen sein: Wer nicht bereit ist, sich für Neues zu öffnen, ärgert sich über jede Veränderung und bleibt hoffnungslos auf dem »Weg« allein zurück.
– Veränderungen, auch wenn sie des Öfteren verunsichern oder schmerzen, sind Ausdruck von Lebensfluss und Lebendigkeit.

- Den Ärger bei sich suchen und ihn »übersetzen« als z. B.: die eigene Unzulänglichkeit, das eigene Versagen, die eigenen Fehler …
- Realitäten annehmen: Mit klarem Blick sehen, was »Beziehung und Sache« ist und dass Störungen und Konflikte, Unebenheiten und Reibungen, Gewünschtes und Ersehntes im Zusammenleben mit so vielen und unterschiedlichen Menschen normal sind und zu unserem Alltag gehören.
- Einstellungen ändern: Erfüllbare Erwartungen haben – und in der Folge weniger enttäuscht und verärgert sein; auch hier wieder gilt: Ich entscheide, wer und was mich ärgert.
- Stärkung suchen: Herausfinden, was einem gut tut und einen stärkt: Ich achte auf das mir Mögliche und akzeptiere das Unvermeidliche. Es ist wie bei einem Kind: Lernen, mit Wünschen zu leben.
- Anforderungen reduzieren: Anforderungen, die wir an uns selbst haben, *übertragen wir des Öfteren* auf andere und sind dann verärgert, wenn sie von den anderen nicht erfüllt werden. Ärger minimieren heißt in diesem Zusammenhang, die Anforderungen überdenken und ggf. reduzieren.

Kränkungen

haben mehrere Namen:

- wenn ich nicht ge-/beachtet werde
- wenn ich in der Öffentlichkeit/Gesellschaft bloßgestellt werde
- die Gleichgültigkeit der Menschen mir gegenüber
- dass meine Arbeit nicht ernstgenommen wird
- wenn Menschen mich anlügen
- dass mein Engagement nicht gewürdigt wird
- dass ich so wenig Erfolg habe
- wenn ich lese, höre: Ich mag dich nicht mehr sehen …
- die Wörter »Nie wieder«. (Komm mir nie wieder unter die Augen!)

- wenn mich jemand sitzen lässt
- wenn ich häufig übersehen werde
- wenn ich »Luft« für jemanden bin
- wenn ich nichts mehr gelte und abgeschrieben werde
- wenn mich meine Freundin/mein Freund betrügt
- wenn mich ein lieber Mensch verlässt

Viele Einzelerfahrungen im täglichen Leben ergeben die Grundkränkung: Ich werde zu wenig wahrgenommen, beachtet, anerkannt, geliebt.

Die Wurzeln der Kränkungen gehen bis in die früheste Kindheit zurück. Kinder sind noch nicht in der Lage, für sich selbst zu sorgen, und sind von der Zuwendung und Hilfe der Eltern und anderen Erwachsenen abhängig. Wenn diese entzogen werden und ausbleiben, z. B. Beachtung, Hilfe, Begleitung, Betreuung, Anerkennung, Liebe, dann fühlen sich die Kinder gekränkt und können, physisch und psychisch, krank werden mit u. U. folgenden Reaktionen:

- »eingeschnappt« und beleidigt sein (= sie verweigern den Kontakt)
- aggressiv sein (= sie greifen an, um sich zu holen, was sie brauchen)
- psychosomatische Symptome zeigen (= sie machen auf sich aufmerksam).

Erst im Laufe der Zeit erfahren Kinder, dass nicht alle Bedürfnisse und Wünsche erfüllbar sind/erfüllt werden; sie erlernen eine gewisse Frustrationstoleranz, ein wichtiges Verhalten auf dem Weg zum Erwachsensein. Auch im weiteren Verlauf können immer wieder Kränkungen geschehen, die auf Erlebnisse und Erfahrungen zurückzuführen sind: Prägungen, Verletzungen, Wunden, Narben.

Aus diesem *Kränkungspotenzial* gibt es einige wesentliche Kränkungen im sexuellen Umgang miteinander, am häufigsten artikuliert durch:

- Hast du mit ihm/mit ihr geschlafen, Sex gehabt?
- Hast du einen/eine andere?
- Bin ich dir nichts mehr wert?

- Was hat die/der, was ich nicht habe?
- Ich weiß, ich bin dir nicht mehr knackig genug.
- Früher hast du mir alles anvertraut. Heute aber …
- Du behandelst mich, als ob es mich gar nicht gäbe.
- Ich komme mir ausgenutzt und wertlos vor.
- Das Schlafzimmer ist für mich nur noch der Ort, an dem ich weine.

Wenn es also an die eigene Würde, an die eigene Persönlichkeit geht, wenn Wertschätzung und Anerkennung abhandengekommen sind, dann ereignen sich im Inneren Kränkungen, die verarbeitet werden können, aber auch ein Leben lang, wie ein Geschwür, sich immer wieder melden.

Es ist deshalb gesundheitsförderlich und notwendig, die Kränkungen zu minimieren, möglichst zu vermeiden bzw. zu verarbeiten, indem man

- einen Blick auf die kränkenden Erfahrungen der eigenen Lebensgeschichte wirft, sie reflektiert, klärt und ggf. mit Hilfe Dritter aufarbeitet.
- die Situationen und kränkenden Personen genau betrachtet und mit ihnen das Gespräch sucht, sich nicht in Abhängigkeiten begibt bzw. sich aus ihnen löst und lernt, autonom zu handeln.
- sich von anderen abgrenzt und auf Distanz geht (= sich innerlich verabschieden).
- die eigenen Stärken wahrnimmt, sich seiner Werte bewusst wird (= Selbstbewusstsein erlangen), die eigene Mitte findet und sich stabilisiert.
- sich nicht den »Schuh anderer anzieht« (= nicht immer alles persönlich nehmen).
- Personen meidet, die sich abwertend verhalten, und sich Menschen zuwendet, die das eigene Selbstbewusstsein stärken.

Was – im sexuellen Kontext – kränken kann (»Originaltonarten«):

* Seit einigen Tagen redet mein Mann nicht mehr mit mir. Gefühlsmäßig bin ich im Keller. Ich geh abends früher ins Bett und stelle mich schlafend, wenn er reinkommt. Hoffentlich lässt er mich in Ruhe.

* Meine Frau lässt sich äußerlich total gehen. Ich habe keine Sexlust mehr. Nachts stehe ich heimlich auf und schaue Pornos an, immer mit dem Blick, ob sie ins Wohnzimmer kommt oder nicht.

* Meine Freundin und ich streiten oft, meist über Lappalien. Innerlich sind wir schon ziemlich entfremdet. Miteinander schlafen macht keine Freude mehr.

* Wir haben schon lange keinen Sex mehr, auch keine Zärtlichkeiten im Alltag. Wir leben nebeneinander her. Und reden oberflächliches Zeugs.

Kränkungen melden sich häufig durch psychosomatische Symptome zu Wort: innere Unruhe, Schlafstörungen, Magenschmerzen, depressive Grundstimmung, PC-Überstunden, aggressive Ausfälle, gegenseitiges Schweigen, Kopfschmerzen, unregelmäßige Menstruation, Essstörungen, Flucht in Suchtverhalten, Abwesenheiten … Manchmal gehen sie in den »Untergrund«, und die Entdeckung dauert ein halbes Leben lang.

Für mich ist die Beantwortung folgender Frage von Bedeutung:

Warum sind manche Menschen selten, andere aber häufiger gekränkt bzw. fühlen sich gekränkt? Auch dies hat wieder mit ihrer Lebensgeschichte, mit ihren Erfahrungen und Prägungen, mit der jeweils unterschiedlichen Persönlichkeitsstruktur (auch Charakter genannt) zu tun und damit, wie sie die Erlebnisse deuten.

Ein Beispiel

Menschen weisen, durchaus in sozialverträglichem Ton, andere auf Fehler hin, worauf
a) die einen dankbar für die Hinweise sind und die Fehler berichtigen.
b) die anderen missmutig die Fehler verbessern.
c) die dritten sich ohne Kommentar zurückziehen und »beleidigt« zutiefst gekränkt in ihrem Ego verharren.

Es ist also zu beachten, dass wir als sendende Personen sowohl *direkt* kränken als auch Kränkungen *auslösen können. Wenn wir kränkende Aussagen machen (»Und so was, du Miststück,* hab ich mal geliebt!«) sind wir Verursacher. Wenn wir sozialverträgliche Aussagen machen, die beim Gegenüber als (ähnlich in der Vergangenheit erlebte) Kränkungen aufgenommen werden (»Ich werde mich von dir trennen«) sind wir beim Gegenüber »Eigenkonstrukt-Auslösende«.

Ziel und Lösung: Als *Verursachende* mit dem Gegenüber klären und Wiedergutmachung anstreben (mit ggf. freiwilligem »Ent-Schuldigen«). Als Auslösende mit dem Gegenüber ein klärendes Gespräch suchen und Verständnis zeigen.

Dreifach kommunizieren

Ich habe in manchen Jahren immer wieder erlebt, dass ich in Gesprächen bisweilen sprachlos, konternd oder schüchtern war, keineswegs jedoch authentisch. Bis ich meinen »Kommunikativen Dreikantschlüssel« entdeckte, der aus drei Seiten besteht: Selbstmitteilung (SM), Empathie (E) und Grenzziehung (G). Und seither bin ich in der Lage, in jeder kommunikativen Situation authentisch und handlungsfähig zu agieren:
(I) Die Situation wahrnehmen und *etwas von sich selbst mitteilen*
(II) Empathisch/einfühlsam *auf das Gegenüber eingehen*
(III) Bei verbalen und körperlichen Übergriffen *Grenzen setzen*

Und das sieht dann beispielsweise so aus:

Drei sexistische Sätze, zweimal männlich, einmal weiblich:
(1) Der Chef zur Sekretärin, etwas süffisant: »Beim Verfassen dieses Textes haben Sie wohl Ihre Tage gehabt.« Sekretärin: »Okay, ich korrigiere ihn.« (I) »Nachvollziehbar, dass Sie verärgert waren.« (II) »Ihr letzter Satz ist geschmacklos.« (III)
(2) Ein Elternvertreter zur Lehrerin, arrogant: »Wir sind ja gespannt, ob Sie mit der Klasse zurechtkommen. Sie sind ja noch ein junges Ding!« Lehrerin: »Ich vermute, dass Sie sich Sorgen machen.« (II) »Ich traue mir das zu.« (I) »Das ‚junge Ding‘ hab ich überhört.« (III)
(3) Eine Partnerin zum Partner: »Wenn du im Bett so gut wärst wie in der Firma, dann hättest du beim Hochgehen keine Probleme.« Partner: »Das muss ich jetzt erst verdauen.« (I) »Hör auf, mir so was zu sagen« (III). II entfällt.

Bei der Anwendung können nun, je nach Mitteilung, eine, zwei oder alle drei Antworten zur Sprache kommen; ebenso ist die Reihenfolge abhängig von der Art der Mitteilung. Zum Beispiel bei verbalen Entgleisungen steht (III), Grenzen setzen, an erster Stelle: »Ich möchte nicht, dass Sie so mit mir reden.« Oder: »Nicht in diesem Ton!« Wenn jemand mit Ihnen über seine Sorgen redet, dann ist es angemessen, empathisch zu reagieren (II), z. B.: »Es ist schwer für Sie …« Und wenn Ihnen Wichtiges von sich einfällt, dann (I): »Ich bin der Meinung, dass …«

Beispiel: Drei Situationen während einer Talkshow, O-Ton des Moderators zu jeweils einem Politiker:
(1) Das ist ja banal, was Sie da sagen.
(2) Sie müssen hier nichts schönreden.
(3) Sie brauchen aber lange für Ihre Antworten.

Hier ist Platz für *Ihre* Antworten … (nachfolgend die meinen):
(1) Für mich ist das Gesagte sehr vernünftig. (SM). Vermutlich haben

Sie andere Sichtweisen. (E). Ihre Bewertung ‚banal‘ ist für mich übergriffig. (G)

(2) Das mag für Sie wichtig sein. (E) Ich habe klar meine Meinung gesagt. (SM) Und akzeptiere nicht Ihr häufiges Bewerten. (G)

(3) Ja, weil ich zum Überlegen Zeit brauche. (SM). Möglichweise sind Sie in Zeitdruck. (E). Dem setze ich mich nicht aus. (G)

Wenn Sie nun *Ihre* Antworten mit *meinen* vergleichen, dann werden Sie vermutlich Unterschiede feststellen: Verschiedene Menschen, verschiedene Kommunikationen, nicht besser, nicht schlechter, aber *anders.* Es lebe die Vielfalt in den Kommunikationen.

Der Dreikantschlüssel (DKS) ist ein wirksames »Instrument« in Kurzzeitgesprächen und Spontansituationen, um beispielsweise Ironie, Zynismus und Sarkasmus zu vermeiden. Wenn Sie diese ins Spiel bringen, eskaliert meistens die Diskussion, gerät ganz aus den Fugen oder endet in Kriegsmechanismen. Es nützt aber auch, um Anmachen, Bloßstellungen und Fertigmachenwollen entgegenzutreten und um klar zu kommunizieren.

Beispiele aus der »Sexismusküche«, mit der Bitte, »dreikantig«, souverän und authentisch zu reagieren, mit Ihren Gefühlen, Gedanken und Handlungsabsichten). Kurz, prägnant und »Pingpong = Kurz ICH, kurz DU, kurze Überlegungspause, dann kurz ICH, kurz DU, kurze Überlegungspause, usw.

* Ihr Emanzengetue geht mir auf den Geist. Damit kaschieren Sie ja nur Ihre Minderwertigkeitskomplexe.

* Sie machen auch jeden Unfug mit. Jetzt gendern sie auch noch und bilden sich was darauf ein.

* Jetzt wollen Sie auch noch eine Frau werden. Und vergessen ganz, welche Vorteile wir Männer haben.

* Typisch Frau: lange und ausführliche reden – und inhaltliche Banalitäten. Kommen Sie endlich zur Sache! Ihren Selbsttrip mache ich nicht mehr mit.

* Lies die Bibel. Da steht drin: Die Frau sei dem Manne untertan!

Gefühle und Emotionen

Ehepaar K. hat große Probleme. ER ist abends oft weg, SIE deswegen oft allein. Eines Abends schreibt sie ihm, aus ihrer Einsamkeit heraus, einen Brief, per Hand, sieben Seiten lang, und legt ihn, bevor sie schlafen geht, auf den Küchentisch.

Am nächsten Morgen sehen sie sich in der Küche, von ihm kein Wort zum Brief. Bis sie ihn fragt: »Hast du meinen Brief gelesen?« Und bekommt zur Antwort: »Zwei Zeilen hätten's auch getan.« Zum Inhalt keinen Ton.

Ihr Brief voller Gefühle, seine Antwort sachlich, in fünf Worten. Später trennen sie sich, weil SIE in ihrer Gefühlswelt bleibt und ER keinen Zugang zu ihr findet.

Es ist wie beim Eisberg: Der obere Teil, der aus dem Wasser ragt, ist die Sache, der untere Teil sind die Gefühle, unsichtbar, aber vorhanden. Und beide Teile gehören zu unserem Menschsein. Dass Frauen mehr gefühlsorientiert und Männer mehr sachlich orientiert sind, stimmt nur oberflächlich und hat viel mit deren Kindheit, Erziehung und Lebensgeschichte zu tun.

Beispiele (Originalton):

* Wenn ich weinte, sagte mein Papa, ich solle mich nicht so anstellen. Ich ging immer in den Reitstall und weinte bei meinem Pferd.

* Wenn ich traurig war, kam meine Mutter mit Ratschlägen, anstatt mich in den Arm zu nehmen.

* Ich durfte nicht wütend sein und stampfen und hörte immer: »Das tut man nicht.«

* Wenn ich schlechte Noten heimbrachte, sagte mein Vater meistens: »Um Gottes willen« und war tief erschrocken. Getröstet hat er mich nie.

Gefühle sind u. a. der »Motor« unseres Handelns. Deshalb ist es von großer Bedeutung, die Gefühle wahrzunehmen und sie, wenn es die Situation ermöglicht, mitzuteilen, statt sie zu verstecken (Psychohygiene). Menschen, die Gefühle spüren, sind meistens auch in der Lage, mit ihnen behutsam umzugehen und sie im entsprechenden Kontext zu äußern, einen angemessenen Zeitpunkt der Mitteilung abzuwarten, sich ihrer nicht zu schämen, die Vielfalt der Reaktionen in Kauf zu nehmen bzw. auszuhalten.

Beispiel: Sie haben eine Wut auf Ihre Partnerin/Ihren Partner (Gefühl) und schreien sie deshalb an (Handlung/Verhaltensweise). Im Nachhinein reflektieren Sie Ihr Verhalten und kommen zum Ergebnis, Ihre Partnerin/ Ihren Partner ungerecht behandelt zu haben. Sie ändern Ihre Einstellung, geraten deshalb nicht mehr so rasch in Wut (Gefühl) und sprechen in Ruhe mit ihr/ihm.

Gefühle wie Angst, Wut, Zorn, Enttäuschung werden akzeptiert, Weinen als Gefühlsausdruck wirkt peinlich und sollte tunlichst vermieden und Trauer eher versteckt werden. Und manche entschuldigen sich sogar beim Gegenüber, wenn sie weinen! Wenn ein Sportler, männlich, bei der Siegerehrung Tränen zeigt, so wird das vom Berichterstatter besonders hervorgehoben, bei Frauen kaum erwähnt.

Vor einem Zimmer in einer Behörde sehe ich ein Zusatzschild mit der Aufschrift: »Hier ist nur sachliche Kritik erwünscht!« Wie wohl das dahinterliegende *Gefühl* heißen mag? Sachliche Kritiken haben immer auch emotionale Motive.

Unterscheidung: Die Evolution hat in uns lebenswichtige Gefühle entstehen lassen, wie Freude, Trauer, Schmerz, Angst, Glück. Im Laufe der Zeit haben die Menschen gemerkt, sie auch äußern zu können. So kamen die *Emotionen* »zur Welt«: ex-movere (lat.) = herausbewegen, herauslassen.

Ich vermute, dass Sie Menschen kennen, die ihre Gefühle lediglich verbal und beschreibend, rein sachlich, mitteilen, ohne das Gesicht zu verziehen: Ich freue mich, ich bin traurig, ich habe Angst. Für zwischenmenschliche Kontakte ist das zu wenig, zu dürftig. Und so lernen sie, ihre Gefühle sichtbar, hörbar zu machen, wie früher als Kind: tanzen, lachen, weinen, zittern, hüpfen, Beifall klatschen, jubeln. Oder: Mein Atem stockt, mir läuft es eiskalt den Buckel runter, mir schlottern die Knie, ich fall dir um den Hals …

Dies sind *Emotionen*, also Gefühle, die *gezeig*t werden. Emotionslos sind Menschen dann, wenn sie keine Gefühle zeigen, sie nicht mehr »aus sich heraus bewegen«. Gefühls*ausdruck* vermittelt Lebendigkeit, die sehr unterschiedlich wahrgenommen und bewertet wird:

Als Kinder haben wir gelernt, dass die Äußerung von Freude und Heiterkeit (Lachen), dass Freundlich- und Liebsein für die Erwachsenen angenehm, jedoch Wut (Brüllen), Zorn (Stampfen), Aggression (Schimpfwörter sagen) und Trauer (Weinen) unangenehm für sie sind. Also haben wir gelernt, zu sortieren, die »guten« gesagt, die »schlechten« vertagt (= geschluckt, verdrängt).

gesundheitsschädlich:	*gesundheitsförderlich:*
– sich der Gefühle schämen	– Gefühle, wie sie sind, annehmen
– sie abwürgen	– sie zulassen
– sie verdrängen	– sie wahrnehmen
– sie in Alkohol ertränken	– sie zur »Sprache« bringen
– ironisch sein	– zu ihnen stehen

Die Psychologik mit ihren Emotionen dominiert die Sachlogik, mit ihren Gedanken und Argumenten. Die »eigentlichen Beweggründe«, etwas zu tun, sind demzufolge nicht die Argumente, sondern die darunterliegenden Gefühle. Deshalb:

Gedanken und Gefühle zulassen und kompetent auf der emotionalen wie rationalen Ebene sein

»Sie/er war sehr emotional« heißt nichts anderes als: Gefühle zu äußern, allerdings auch, die jeweilige Situation, den Rahmen, den Kontext zu beachten, also angemessen zu reagieren, was Kinder (vielleicht spontan), Jugendliche (vielleicht zurückhaltend) und Erwachsene (vielleicht herzlich) auch tun bzw. berücksichtigen: auf den Schoß hüpfen, die Hand geben, auf die Schulter klopfen.

Oder so: Ich habe eine Wut auf dich, ich könnte dich … Ich bin ganz außer mir. Am liebsten würde ich um mich schlagen. Ich könnte schreien vor Zorn. Ich bin ganz gelähmt und zu nichts mehr fähig.

Aber auch: Ich könnte jauchzen vor Freude. Ich möchte tanzen vor Glück. Am liebsten würde ich Purzelbäume schlagen. Ich bin ganz happy. Ich könnte dich knutschen.

Ergänzend: Es gibt den Satz: »Er handelte im Affekt!« Was, meist negativ, bedeutet: *Unkontrolliert sein in Gefühl und Emotion*: Dem Sohn eine Ohrfeige geben, der Tochter die Frisur verschandeln, der Frau einen Teller nachwerfen, den Kumpel ein Arschloch nennen und hoffentlich nach der Tat Wiedergutmachung leisten.

Emotionen, aus Liebe (weibliche, männliche):
- Gänseblümchen von der Wiese an den Tellerrand legen
- Konzertkarten per Post schicken
- Extrataschengeld unters Kopfkissen legen
- nach der Party Y mit dem Auto abholen
- heimlich das Auto waschen

- einen Brief in den Bademantel stecken
- E-Mail aus dem Büro: Ich liebe dich.
- mit einem neuen Negligé im Schlafzimmer auftauchen
- ein Ständchen singen, ein Bild malen
- der alt gewordenen Nachbarin die Wohnung putzen
- am Grab stehen und die Aufschrift streicheln
- bei Kerzenlicht etwas vorlesen oder gemeinsam Musik hören
- einfach kuscheln ohne Absicht und Ziel
- vertrauensvoll auf die Rückkunft warten
- spazieren gehen ohne Handy
- geduldig warten, bis die Partnerin/der Partner …
- miteinander schweigen

* O-Ton: Emotionslos lag er neben mir im Bett, lediglich sein Atmen hörte ich. Gefühlte Stunden. Unerwartet drehte er sich plötzlich zu mir, begann zu schluchzen und dann hemmungslos zu weinen. Ich nahm ihn in den Arm. Zeitlos, bis ich ihn sagen hörte: »Ich habe Krebs.«

4. Trennungen

In einem Spielfilm: Ein Mädchen, in einen Jungen verliebt, sagt seiner Mutter unter Tränen, dass er sie verlassen hat und sie jetzt ganz allein sei. Unter Tränen fragt sie ihre Mutter: »Warum müssen sich Menschen immer trennen und können nicht *für immer beisammen* sein?«

Eine so berührende Frage – und tausend mögliche Antworten, für jegliche Arten der Orientierung: homosexuell, heterosexuell, transsexuell, aber auch in Freundschaften und anderen Beziehungen.

Trennungsursachen

Weil wir gemerkt haben, dass wir nicht zusammenpassen.

Weil wir uns verändert/auseinandergelebt haben.
Ortsveränderungen, Schicksalsereignisse, Krankheiten, der Tod
Weil ich andere Menschen kennengelernt habe.
Überforderungen, Alleinsein wollen, vor Vereinnahmungen flüchten
Weil ich mich in jemanden anderen verliebt habe.
Aus finanziellen/wirtschaftlichen Gründen
Der Altersunterschied hat sich negativ ausgewirkt.
Andere persönliche, wirtschaftliche und berufliche Orientierungen
Unterschiede in der Lebensplanung und Lebensführung
Sexuelle Unvereinbarkeiten, Differenzen in der Beziehung
Von der gewöhnlichen Ehe zur gleichgeschlechtlichen Lebensweise
Ich bin für dich nicht mehr zumutbar.
Ich halte die Dreierbeziehung nicht mehr aus.

Themen, die auf Eheleute/Paare zukommen: juristische Klärungen, Finanzen, Sorgerecht, Immobilien, Unterhalt, Zugewinn, Erbanspruch, Trennungsjahr, Anwaltskosten, temporäre Planungen, Zukunftsperspektiven

Trennungsmodi: gemeinsames Einvernehmen, gütliche Trennung, faire Absprachen und annehmbare Vereinbarungen, rechtliche Hürden, einseitige Trennungsabsichten, Langzeitstreitereien, Blockaden, Drohungen, Rosenkriege, Erpressungen, Stalking

Lasse ich diese Modi in meinem Inneren Revue passieren, dann kommt mir das Wort *Versprechen* in den Sinn, besonders im Zusammenhang mit offiziellen Trauungs- und Ehezeremonien, staatlich wie kirchlich, und mit schwerwiegenden Sätzen, die auf die Zukunft gerichtet sind: »Willst du für immer meine Frau werden?« – »Ich werde dich immer ehren und lieben!«

Und diese Versprechen werden für einen Zeitraum von ggf. 60 bis 70 Jahren gegeben. Die Zukunft lässt sich nicht in der Gegenwart festnageln. Also kein Nie, kein Immer, auch wenn es so »schön« wäre.

Auf diesem Hintergrund traue ich den Paarschaften zu, dass sie gemeinsam Worte finden, die für sie im Jetzt stimmen und offen sind für

die Zukunft, ohne insgeheime Hintertürchen und ohne Ewigkeitsver-
sprechen.

Einige Vorschläge

Ja, ich möchte dein Mann/deine Frau sein.
Heute ist mit dir mein glücklichster Tag.
Ich vertraue dir. Ich bitte dich um dein Vertrauen.
Ich blicke hoffnungsvoll in die Zukunft.
Und: Welches Eheversprechen sagen sich Menschen, die schon mehrmals
verheiratet waren?

Informationen

Von Trennungen spricht man, wenn keine häusliche Gemeinschaft, keine
eheliche Lebensgemeinschaft mehr besteht, während Scheidungen die
formelle, juristische Auflösung einer Ehe bedeuten.

In der BRD gilt derzeit: Dauer der Ehe etwa 15 Jahre. Es werden pro
Jahr 400.000 Ehen standesamtlich geschlossen und 150.000 Scheidungen
vollzogen, und dies in einem Zeitalter der persönlichen Freiheit, der gesellschaftlichen Offenheit, der medialen Möglichkeiten und der generellen
Globalisierung.

Ein Blick zurück ins Damals

»Unter die Haube kommen«, d. h. verheiratet zu werden, zu sein, war der
sehnlichste Wunsch der meisten Frauen, weil die Ehe für sie Schutz, soziale
Absicherung (fehlender Beruf) und Altersversorgung bedeutete. Juristisch
vollzogen, weil der Staat aus sozialen und finanziellen Gründen großes Interesse am Bestand der Ehe hatte. Scheidungen gab es kaum, vor allem deshalb

nicht, weil die Religionszugehörigkeit ein starkes Bindeglied durch den Satz war: »Was aber Gott verbunden hat, das darf der Mensch nicht trennen.«

Nimmt man eine Lebenserwartung von, damals, ca. 40/45 Jahren an, so ergibt sich eine Ehe, beendet durch den Tod, von etwa 20 Jahren. Männer heirateten mehrfach, weil ihre Frauen häufig im Kindbett starben, die zurückgebliebenen Kinder wieder eine Mutter und der Mann eine Frau brauchten, für Hof, Haus und Bett.

Dies sind Welten zu den jetzigen Realitäten, Gepflogenheiten und Möglichkeiten, wobei es bisweilen ein langer Weg vom Trennungsgedanken bis zur vollzogenen Trennung sein kann.

Auf dem Weg zur Trennung

O-Ton einer Frau, im Jahr 2021: »Ich habe mit 20 Jahren geheiratet, bin jetzt 50 Jahre alt und habe voraussichtlich noch 40 Ehejahre vor mir. Glück oder Graus?«

Es gibt schier unendlich viele Antworten auf diese komprimierte Frage.

»Liebe macht blind«, lautet ein Sprichwort. Nein! Verliebtsein macht blind, und Liebe öffnet die Augen.

Deshalb ist es, sei es von Beginn an einer Beziehung oder im Rückblick, von weitreichender Bedeutung, wahrnehmungsfähig, beobachtend, achtsam und »hellwach« zu sein. Und dies gilt für *beide* Personen in einer Paarschaft.

Subjektive Wahrnehmungen:

Sie redet ununterbrochen, er schaut häufig auf die Uhr oder auf den Straßenverkehr. Er gibt sich jovial, übertrieben großzügig, mit versteckten Forderungen.

Seine Rücksichtnahmen schwinden, Routine macht sich breit. Sie, früher gepflegte Erscheinung, lässt sich immer mehr gehen. Vereinbarungen finden kaum mehr statt, dafür jedoch Soloentscheidungen, die rasch zu nutzlosen Diskussionen führen. Freundlichkeit und Gereiztheit geben sich die Hand, ebenso die Hilfsbereitschaft und die Gleichgültigkeit. Soloauswärtszeiten häufen sich (»beste Freundin«, Stammtisch, Sport, berufliche Aktivitäten). Der Hauptsatz lautet: »Früher haben wir …« mit den beiden Untertönen Bedauern und Vorwurf. Und, falls es Kinder gibt, mit ihren feinen und gradlinigen Wahrnehmungen und Beobachtungen, die sie äußern, offen oder versteckt. Oder ehrliche Rückmeldungen von Freundinnen und Freunden mehren sich, ohne ein Dreinmischen zu sein. Sie sind eine Fundgrube für Botschaften, Wirklichkeiten und Wahrheiten.

Und das alles und noch mehr kann Wegbereiter für befriedigende Aussprachen, Neuanfänge oder auch »Ich möchte nichts mehr mit dir zu tun haben« sein.

Phasen der Trennung

Mir geht es im Folgenden um Trennungen im Kontext der weiblichen und männlichen zwischenmenschlichen Beziehungen, sexuellen Lebensformen, psychischen Belastungen und fairen Langzeitlösungen.

In der Praxis gibt es inzwischen eine Reihe von Phasenmodellen bei Trennungen, aus der Erfahrung und Sicht von Beziehungsfachleuten, Psychologen, Soziologen und Juristen. Ich zeige, ergänzend durch meine eigene Praxis, ein Grundmodell, das allgemein gültig sein kann und wesentliche Phasen enthält. Weitverbreitet herrscht die Meinung, Paare, die sich im Trennungsprozess befinden, brauchten eine Therapie. Ich teile diese Meinung nicht, weil ich Therapie mit Heilung in Verbindung bringe. Diese benötigen die wenigsten Paare, weil sie nicht krank sind, wohl aber professionelle Beratung, oder Personen, die vermitteln können, das Vertrauen haben und in der Lage sind, unparteiisch und loyal zu sein.

1. Es ist meist ein ungutes Gefühl, es sind Vorahnungen oder Vermutungen, Wahrnehmungen und Beobachtungen, innere Unstimmigkeiten,

aufgrund derer Trennungsmöglichkeiten in Betracht gezogen werden, eher unausgesprochen als bereits verbalisiert. Mit Grundtönen wie: Das kann nicht sein. Doch nicht wir beide. Nach so kurzer/so langer Zeit …

2. Der Blick wird schärfer, die Beobachtungen werden gezielter, bewusster, und bisher gewohnte Verhaltensweisen und Gepflogenheiten beginnen zu wackeln und andere, tendenziell ungewohnte, häufen sich: weniger Vereinbarungen und Gemeinsamkeiten, vermehrt Rückzug und Isolierungen, bisherige Zuneigungen und Zärtlichkeiten nehmen ab, ebenso Zeiten für das Sexualleben.

3. Aus diesen körperlichen und seelischen nonverbalen Kommunikationen entwickeln sich im Laufe der Zeit verbale: vorsichtige oder bohrende Fragen, Vermutungen und Beobachtungen, Informationsmitteilungen, Fakten und Fakes, Rechtfertigungen und Verteidigung, Rede und Widerrede, auf der Sachebene bis, immer stärker, die Beziehungs- oder Psychoebene zur Sprache kommt, in einer Variationsbreite von bitteren Tränen, lautstarken Beleidigungen und aggressiven Reaktionen, begleitet von Vorwürfen, Schuldzuweisungen, verletzenden und kränkenden Äußerungen bis hin zu Gewalttaten. Falls diese sich ereignen, werden die Gespräche und Dialoge beendet, und Schutz von außen wird geholt.

4. Sollten die Klärungen zu Ende sein, helfen andere Instanzen und Personen, wie Berater, Psychologen, Sozialhelfer, Juristen. Falls sich die Auseinandersetzungen (ggf. Eskalationen) beruhigt haben, kommt ein weiterer Schritt hinzu, die sogenannte Emotions- und Klärungsphase, in der es darum geht, sich nicht über die Gegenseite zu äußern, sondern sich selbst mitzuteilen, emotional und authentisch (meist mithilfe von Dritten), z. B. Enttäuschung, Traurigkeit, Tränen, Hoffnungslosigkeit, Schmerz, Verzweiflung, Sinnleere, Einsamkeit, Geborgenheitsverlust, Sehnsucht nach Tröstung, Lähmung oder doch noch Hoffnung. Die Suche nach der gewohnten Hand, dem vertrauten Streicheln, der warmen Stimme, der starken Schulter, der liebevollen Umarmung und dabei der Gedanke: nie wieder?!
Erst wenn sich beide im Tal der Tränen befinden (statt im destruktiven

»Gemetzel« ihres Selbst) und ihren Schmerz einander zumuten, ohne Zuschreibungen, erst dann gibt es wirkliche und echte Begegnung, die konstruktive und für beide Seiten friedliche und dauerhafte Lösungen ermöglichen.

Frieden finden

Ihn *finden*, weil er nicht machbar und anderen gegenüber nicht einforderbar ist. (»Sei friedlich!« ist nur ein frommer Wunsch.)

Ein Geschenk, wenn ihn beide gemeinsam finden, dann, wenn beide sich jeweils in ihrem Selbst begegnen und authentisch sind. Dann ist jede Person frei geworden in ihren Entscheidungen, in ihrem Handeln, in ihren Plänen und wird nicht durch offene oder versteckte Forderungen, Unterdrückungen, Erpressungen und Vorschriften in alte Muster gezwängt.

Sollte Letzteres geschehen, dann wird es keinen gemeinsamen, sondern »nur« einen Solofrieden geben können. Er ist notwendig, möglich und heilsam für die eigene Seele, für den Körper, für den Geist, für die ganze Person in Gegenwart und Zukunft. Die belastende Vergangenheit, der ausbleibende Frieden und der andauernde Unfrieden sind zu schwer, als dass sie in die Zukunft mitgeschleppt werden können, nämlich finanzielle Blockaden, juristische Dauerprozesse, persönliches Kriegsgebaren, Kaukasischer-Kreidekreis-Gerangel!

Frieden jedoch macht frei, für sich selbst und für alle anderen folgenden zwischenmenschlichen Beziehungen.

Wie sieht er aus, der Frieden?

Abschied nehmen von den schmerzenden Tiefen der Vergangenheit und die gemeinsam erlebten Höhen im Herzen bewahren. Sie kann uns niemand nehmen. Das eigene Leben, und ggf. das mit den Kindern, abgrenzen gegen Vereinnahmungen und Übergriffe, auch mit Hilfen anderer.

Und Orte der Oase und Resilienz suchen: das Hobby, die Natur, die Musik, Theater, Malerei und Tanz, Bewegung und Sport, Mitmenschen und Gespräche mit ihnen, sich Zeit nehmen für das eigene ICH.

Es gibt kein Nachholen, aber es gibt das Erholen und das »Im-Jetzt-Leben«.

Zugegeben, leicht geschrieben, leicht von anderen gesagt, auf jeden Fall aber ausprobieren, sogar neue Beziehungen oder ganz andere wagen, z. B. die »auf der anderen Seite«. Und die Liebe finden, nicht diejenige von früher, sondern diejenige, die dir entgegenkommt, die du nicht suchen musst.

5. Liebesbeziehungen

In einem Sexualreport las ich die Aussage eines Mannes: In meinem Elternhaus herrschte die einhellige Meinung, miteinander schlafen ist immer mit Liebe verbunden. Erst später entdeckte ich, dass es sehr wohl Sex ohne Liebe gibt, gang und gäbe, formuliert als »und sie liebten sich«. Ich fühlte mich befreit und frei, meine Sexualität nach eigenen Vorstellungen und Motiven zu leben. Die Kombination Sexualität und Liebe war, z. B. über Jahrhunderte in der Literatur, der Oper zu finden. Am deutlichsten in der Romantik (»Sie liebten sich«) und im italienischen Worte »amore«, zu dem ein Regisseur sagte, dass zweierlei damit gemeint sei: Die Gefühle und das Ficken.

Die Evolution hat die Sexualität »erfunden« mit dem Ziel der Fortpflanzung und Arterhaltung. Im Laufe der Zeit haben sich dann die Lust, die Leidenschaft, der Schmerz und die Liebe entwickelt, bis zum heutigen Tag in vielen Varianten, von denen ich zwei nenne: »Die unbeständige Liebe« und »Die beständige Liebe«.

»Ich hab mich verknallt.« – »Bei uns hat's gefunkt.« – »Ich habe mich verliebt.« »Ich werde dich immer lieben.« – »Du bist meine große Liebe.« Himmelhoch jauchzend, wenn es so ist, hart aufgeschlagen auf dem Boden und zu Tode betrübt, wenn das Verliebtsein zu Ende ist. Neurobiologen sagen uns, was sich im *Kopf* alles tut, wenn wir verliebt sind: Es handelt sich um endogene Vorgänge, um chemische Reaktionen, um neuronale Botenstoffe (u. a. Dopamin, Adrenalin, Cortisol) mit der Wirkung von Glücksgefühlen und Wohlbefinden.

Der Testosteronspiegel erhöht sich und die Libidofähigkeit nimmt zu. Das biologische Ziel ist die Erhaltung der Art. Lang anhaltend oder gar »ewig« sind diese Wirkungen allerdings nicht.

Wir wären menschlich überfordert. Irgendwann hört es auf, »romantisch« zu sein, wobei durchaus schöne sowie schmerzhafte Erlebnisse in *Erinnerung* bleiben.

Je stärker das Attraktivfinden, das Angezogenwerden, das Verliebtsein, die Sexualität und Erotik in den zwischenmenschlichen Beziehungen wahrgenommen und realitätsnah reflektiert und gelebt werden, desto geringer ist die Möglichkeit der inneren Abhängigkeit, des Getriebenwerdens, des Ausgeliefertseins. Wir können sie steuern, die Gefühle, beeinflussen, auf meditative Weise mit ihnen in Kontakt kommen, den Verstand hinzuschalten. Und ihn nicht verlieren (!), sondern uns Wissen aneignen und dadurch besser »durchblicken«. Dann entdecken wir auch Erklärungen dafür, was sich zwischenmenschlich tut, und treiben nicht führerlos im Fahrwasser des Unbewussten. Es gibt fünf Merkmale:

(1) Verklärungen

Verliebte sind der Ansicht, dass ihr »Liebesobjekt« (die Traumfrau/der Traummann) das Beste ist, was ihnen je begegnet ist: der wunderschönste, attraktivste, interessierteste, verständnisvollste, tollste Mensch, einmalig. (Wer will schon zugeben, sich in jemanden zu verlieben, der hässlich, doof, unattraktiv und verschroben ist, das würde ja auf einen selbst zurückfallen.)

(2) *Visionen*

Verliebte entrücken ihr Gegenüber in (Be-)Reiche, die sie selbst nie erreichen, die sie sich aber wünschen: Mein Liebster, meine Liebste wird dann einen tollen Beruf haben, wir werden viel Geld verdienen, uns ein »Schloss« leisten können (das sich dann als Luftschloss erweist), wir werden viele Kinder haben (oder keine, sondern dafür Zeit für Reisen). Es ist dann bitter für Verliebte, wenn ihre Visionen bröckeln und sie erleben müssen, dass die Realität eine ganz andere ist.

(3) *Utopien*

Verliebte glauben fest daran, dass es möglich sein wird, zusammen ohne Blessuren und Schmerzen, ohne Verlusterlebnisse, ohne schwere Schicksale zu leben. Und wenn doch, dann klingt ihnen in den Ohren, was sie oftmals haben: »Alles wird gut!« Und sie rechnen mit der Fähigkeit, immer das Beste aus allem zu machen und glücklich zu sein (»Machen Sie's gut!«).

(4) *Selbstbezogenheit*

Romantisch Liebende sind in der Lage, sich vorzustellen, dass ihr Liebesobjekt nur deshalb so wunderbar und einzigartig ist, weil sie selbst so einzigartig sind. Ihr Motto: Wenn mich jemand liebt, dann muss ich wirklich attraktiv, wunderbar, einzigartig sein, blendend aussehen, dann habe nicht nur ich eine Traumfrau/einen Traummann, sondern bin es auch selbst.

(5) *Täuschungen*

Weil man nicht wahrnimmt, was real ist, sondern nur sieht, hört, was man sehen/hören will, fällt man aus allen »Wolken«, wenn man aus den Träumen erwacht. Der Standardsatz lautet dann: »Ich bin aber enttäuscht von dir!« Ja, es stimmt: *Ich* bin enttäuscht. Nicht: *Du* hast mich enttäuscht. Das Gegenüber kann nichts dafür, dass es nicht so wahrgenommen wird, wie es ist.

Das mag jetzt so klingen, als wären Verliebte nicht ganz bei Trost. Es hat schon was auf sich, das Sprichwort »Verliebtsein macht blind«. Als wären Irrlichter nicht im Alltag und Traumtänzerpaare nicht auf dem Parkett, sondern Himmelsstürmer auf Wolken. Oder Verliebtsein wäre ein unreifes Vorstadium der »wirklichen Liebe«, quasi Pubertätsverhalten von Menschen von Jung bis Alt. Nein, keine Bewertungs- oder Qualitätsdiskussion, sondern ein Wahrnehmen zweier verschiedener Arten von Liebesbeziehungen.

Die beständige Liebe

»Ich werde dich ewig lieben«, sagt der Verliebte und meint damit: Ich möchte dich nie verlieren. Ich liebe dich, weil ich geliebt werde. Sein Motiv ist die Sehnsucht, und seine Abhängigkeit heißt, nicht allein sein können.

»Ich liebe dich«, sagt die/der Liebende und meint damit: Ich erkenne dich als selbstständiges Wesen an, so, wie du bist. Ich werde von dir geliebt, weil ich liebe. Ihr/sein Motiv ist die Treue und ihre/seine Unabhängigkeit heißt, autonom sein zu können.

In diesem Zusammenhang spricht Gerhard Portele davon, dass Menschen sich gegenseitig als *autonom* anerkennen und sehen. Er definiert Liebe nicht als Gefühlsbeziehung, was nicht heißt, dass sie ohne Gefühle ist, sondern unabhängig von ihr als Haltung, als Einstellung Menschen gegenüber.

Diese Haltung ist nicht von Geburt an gegeben, sondern entwickelt sich im Laufe des Lebens von Menschen. Sie kann nicht in Erziehungs-, sondern nur in guten Beziehungsmilieus wachsen. Es gibt keine Liebeserziehung, sondern nur eine Liebesbeziehung.

Kinder erleben die Liebe durch ihre Eltern, weil diese für sie da sind, sie umsorgen, sie behüten. Diese *erfahrene* Liebe ist eine der wichtigsten Voraussetzungen, die Kinder psychisch reifen und selbst zu Liebenden werden lässt.

Während der Pubertät entstehen bei Jugendlichen in ihren Beziehungen Empfindungen und Gefühle, die sie als Verliebtsein deklarieren, die bei ihnen Fantasien, Vorstellungen, Wünsche und Sehnsüchte auslösen und die sie u. a. durch eine sexuell gefärbte Sprache, durch Austausch von Zärtlichkeiten, sexuelle Kontakte und erotische Verbindungen zum Ausdruck bringen.

Allmählich gesellen sich, idealtypisch gesehen, zur Ichbezogenheit ebenso Zuverlässigkeit, Verantwortung, Aufmerksamkeit und Empathie für andere, und es entwickelt sich *soziale Kompetenz*, ein weiteres Element der psychischen Reife. Es entsteht eine innere »dynamische Balance« von Selbst- und Fürsorge. Die Gefühle der Liebe werden beständiger, man erlebt sich als Partnerin/Partner und den eigenen Kindern gegenüber als Mutter oder Vater.

Diese Erfahrungen mit Menschen, denen man vertraut, zu denen man Zuneigung und Zugehörigkeit in der Gemeinschaft empfindet und Liebe in Form von Eigenständigkeit *und* Bezogenheit, Begleitung *und* Unterstützung, sind die besten Voraussetzungen dafür, Liebe als Haltung zu erreichen, nämlich gegenseitige Unabhängigkeit, gegenseitige Anerkennung, Selbstsein und Miteinandersein.

Die Liebe als Haltung, als gelebte Hin- und Zuwendung zu anderen, ist zwar von eigenen Gefühlen begleitet, aber frei von eigenen emotionalen Abhängigkeiten und relativ unabhängig vom Verhalten der anderen, relativ deshalb, weil es auch Grenzen der Liebenden gibt. Die »unbedingte« Liebe halte ich zwar für einen durchaus nachvollziehbaren Wunsch, für eine Sehnsucht der Menschen, tendenziell jedoch eher für eine gelernte *Ideologie*, deren Umsetzung in die Praxis und Erfüllung sie aber überfordert.

Dass Liebe begrenzt ist, ist physisch und psychisch sogar gesund und normal, auch die Liebe als Haltung und Einstellung anderen Menschen gegenüber. Mitgefühl ist zwar der Grundton, der aber beispielsweise bei Übergriffen, Angriffen und Destruktionen aufhört zu schwingen. Die Helfenden und Liebenden sind eben nicht *selbstlos* (= ohne Selbst). Nur wenn ihr eigenes Herz schlägt, kann es auch für andere schlagen. Dann macht es sich nicht nur als hilfreiches Sozialverhalten, sondern als konkrete »Liebeshaltung«, beständig und unabhängig, bemerkbar:

Beispielsweise durch ehrenamtlich Tätige in Einrichtungen wie Tafel, Bahnhofsmission, Rotes Kreuz, Streetworking, Hospizarbeit, Bürgerstiftung, Bergwacht, u. a. m. Sie lehnen Menschen nicht ab, die ihnen unsympathisch sind, sondern sie helfen und betreuen sie wegen ihrer Bedürftigkeit. In Sozialberufen ist der Maßstab für die Zuwendung und das Helfen weder das Aussehen noch das Alter, weder das Verhalten noch die Schichtzugehörigkeit, sondern man geht ohne Ansehen der Person auf die schwierigen Lebensverhältnisse, die Belastungen, die Krankheiten, die körperlichen wie seelischen Nöte ein.

Sie gelingt nicht zum Nulltarif, die Liebe. Dafür ist sie nicht pflegeleicht genug. Nein, sie ist ein kostbares Gut. Damit Menschen sie verwirklichen können, brauchen sie Selbstbewusstsein und Ichstärke.

Die Voraussetzung, andere zu lieben, ist *die Selbstliebe*, d. h. die Anerkennung der eigenen Person mit all den Facetten, die sie hat. Erst dann ist Anerkennung anderer möglich.

* Ich bin in einem katholischen Milieu groß geworden. Einer der wichtigsten Sätze in meiner Kindheit lautete: »Liebe deinen Nächsten!« Der zweite Teil: »wie dich selbst« wurde kaum erwähnt, war sogar verpönt. An dessen Stelle hieß es: »Der Esel nennt sich selbst zuerst.« – »Beginne keinen Brief mit Ich!« – »Sei bescheiden, dräng dich nicht vor!« Dahinter stand vermutlich die Sorge der Eltern, die Kinder könnten Egoisten werden. Egoismus wurde mit Selbstbewusstsein verwechselt.

* Eine Frau, Jahre lang Schülerin in einem Klosterinternat: »Uns wurde eingetrichtert, in den Gängen nie in der Mitte, sondern immer nur am

Rande zu gehen, den Kopf gesenkt. Demut, Bescheidenheit und Gehorsam wurden als vorrangige Tugenden gepredigt.« Bis heute hat sie Schwierigkeiten, selbstbewusst aufzutreten.

Wer Bewusstsein für sich selbst hat, nimmt auch wahr, dass er andere liebt, wie er seine Liebe realisiert, wo für ihn die Grenzen sind und was er braucht, um sich nicht selbst zu überfordern.

Sie/Er braucht auch *Zeit, Raum und Ruhe,* um Menschen zu »berühren« und um anderen Interesse und Wertschätzung zu zeigen. Das geht nicht zwischen »Tür und Angel« oder auf den Gängen unseres Lebens, sondern in Räumen, in denen man atmen, sich entfalten und zur Ruhe kommen kann. Stress schränkt die Wahrnehmung ein und erschwert es, entspannt, anerkennend und verständnisvoll auf Menschen zu- und auf sie einzugehen und produziert Fehlverhalten, das man hinterher oft bereut.

Gegenseitige Anerkennung ist ein Gütezeichen der *Gemeinschaft,* in der Geborgenheit, Nähe und Unterstützung und Schutz erfahren werden. Genauso wie Rückzug notwendig ist, damit nicht Dauergemeinschaft und Routine sich breit machen. (»Erst der Abstand schafft Beziehungen.« – Martin Buber).

Es ist die Liebe, die der Sexualität den »Ehrenkodex« gibt. Es ist die Liebe, die den sexuellen Beziehungen die Krone aufsetzt.

Teil 3: Sexualität als Gewalt

»Es ist die Liebe«, schrieb ich am Ende des zweiten Teils, »die den sexuellen Beziehungen die Krone aufsetzt.« Und es sind vor allem Macht und *Herr*schaft von Menschen (meist Männern), die mittels sexueller Gewalt brutal die Krone herabreißen und die Gekrönten vernichten. Wie es dazu kommen kann, zeigen uns die Lebensgeschichten der Opfer und die Motive der Täter.

Bemerkung: Meine Ausführungen beziehen sich, was die Opfer betrifft, auf Kinder, Jugendliche und Erwachsene, und bezüglich der Täter auf Jugendliche und Erwachsene, davon weitaus mehr männlich als weiblich.

Interessant ist, was im Internet als Definition von Gewalt zu lesen ist: »Als Gewalt (althochdeutsch walten, stark sein, beherrscht werden) werden Handlungen, Vorgänge und soziale Zusammenhänge bezeichnet, in denen oder durch die auf Menschen, Tiere und Gegenstände beeinflussend, verändernd oder schädigend eingewirkt wird.« Ergänzend dazu die juristische Definition: »Körperlich wirkender Zwang durch die Entfaltung von Kraft oder durch sonstige physische Einwirkung [...], die die freie Willensentschließung oder Willensbetätigung eines anderen beeinträchtigen.«

Besonders bedeutsam ist die Passage: »beeinflussend, verändernd oder schädigend einwirken« – gegen den Willen. Dies ist bereits Gewalt. Sie wird nicht auf körperliche Einwirkung reduziert, sondern ebenso – und weit mehr – auf die Psyche, sodass sowohl von physischer als auch von psychischer Gewalt die Rede ist, sexuell oder nicht sexuell, je nachdem.

1. Gewalttätig

Sie beginnt auf leisen Sohlen, oft gar nicht beabsichtigt oder geplant, sondern sie entwickelt sich aus sich heraus. Im Nachhinein sagen z. B. betroffene Frauen, wie sympathisch und charmant ihre Beziehungspartner begannen und wie sich im Laufe der Zeit ihre Gegenüber zu Gewalttätern »entpuppten«; fassungslos, dass solche Annäherungen derartige Entwicklungen nehmen und in Übergriffigkeit, Gewaltanwendung und Vergewaltigungen ausarten.

Für die Betroffenen, von Kindern bis hin zu Erwachsenen, die sich zu Beginn dieses Prozesses noch gar nicht betroffen, sondern beachtet, anerkannt, geschmeichelt fühlen und gelobt und zunächst auch materiell beschenkt werden, sind die zwei wichtigsten Phänomene das *Wahrnehmen* und *Beschreiben*. Kindern und Jugendlichen werden diese Verhaltensweisen gezeigt, mit ihnen eingeübt und damit bewusst gemacht. So sind sie in bestimmten Situationen »aufgeklärt«. Erwachsene wissen nicht immer Bescheid, haben Vermutungen oder Ahnungen und müssen ebenso achtsam sein und das Geschehen kritisch reflektieren.

Nachfolgend beschreibe und kommentiere ich sieben mögliche Einflussnahmen in der gesamten Bandbreite, die alle oder nur einige und auch in unterschiedlicher Reihenfolge aktiviert werden und entsprechende Auswirkungen haben.

Diese Phasen der Einflussnahmen bedeuten jedoch nicht, dass sie gleichsam Wurzeln sexueller Gewalt sind. Aber sie können auf Möglichkeiten der Entfaltung, auf eindeutige Verhaltensweisen und auf »rote Ampeln« hinweisen, Ich erwähne sie in der Absicht, vorsichtig, aufgeklärt, wissend und handlungssicher zu sein.

Wenn ich Menschen näherkommen oder sie näher kennenlernen möchte, dann halte ich nach Merkmalen Ausschau, die ich selbst habe, die zu mir passen und auf die ich Wert lege: Freundlichkeit, Zugewandtheit, Empathie, Autonomie, Authentizität, Humor und Ernsthaftigkeit, Offenheit, Rücksichtnahme und die Fähigkeit zur Vereinbarung statt zurMachtausübung. Und ich werde in bestimmten Situationen die jeweiligen

Verhaltensweisen sowohl bei mir beobachten, reflektieren und einordnen als auch bei meinen Gegenübern, soweit vorhanden.

Einen »klarer Kopf« und Emotionalität dabei zu haben, halte ich für sehr hilfreich, um realitätsferne Ideen, unerfüllte Wünsche, Einsamkeit, Stresssituationen, Glaubenssätze und Prägungen aus der Vergangenheit im Auge zu behalten.

Annäherungen

Kindern tut es gut, wenn sie plötzlich beachtet werden, wenn ihnen gesagt wird, was sie können und wie toll sie sind. Jugendliche werden auf ihr Aussehen hin eingeschätzt und entsprechend behandelt. Es gefällt ihnen, wenn sie cool sind und sie sich erwachsen fühlen. Erwachsene wiederum bekommen Komplimente, werden zu Dates eingeladen, strahlen, wenn man ihr Aussehen bewundert, und sind bereit für Flirts.

Bereits durch diese wenigen Zeilen wird deutlich, dass die Altersgrenzen überschritten und die unterschiedlichen Verhaltensweisen auch unterschiedlich bewertet werden.

Längst ist die Zeit vorbei, in der die oben genannten Annäherungen als nur freundlich, gutmütig und ohne andere Absichten erfahren und gedeutet wurden.

Die »zwischenmenschliche Jungfräulichkeit« und Naivität sind zu Ende. Negative Beispiele, selbst erfahren oder aus anderen Quellen erhalten, kommen ins Spiel mit Gefühlsmischungen wie Staunen, Freude, Skepsis, Genugtuung, Vorbehalte, Misstrauen, Spontaneität, Neugierde oder Überrascht sein.

Bereits hier sind die Wahrnehmungsfähigkeit und die Beschreibung der Annäherungen äußerst wichtig, vor allem unter dem Aspekt sexueller Berührungen, die unbedarft sein können oder bereits Überschreitungen andeuten: Den Arm um Schultern oder Hüften legen, Hand in Hand sein, häufig Küsschen geben, länger anhaltend umarmen oder flüchtig die Brust berühren, verbal zweideutig sein oder mit sexuellen Witzen auftrumpfen.

Für manche ist das normal, amüsant, cool, für andere belanglos und für Dritte unangenehm oder abstoßend.

Es ist erlaubt, bedeutsam und notwendig, die Wahrnehmungen zu beschreiben und entsprechende Gefühle zu äußern, die als unangenehm, unstimmig oder übergriffig erlebt werden, und zwar auf zwei Ebenen, der erlebten (a) und der informierenden (b):

a) Ich möchte dies nicht. Mir ist dies unangenehm. Es geht mir zu schnell, ich brauche noch Zeit. Ich komme nicht zu Wort. Ich fühle mich überrumpelt. Es ist mir zu nah, ich bin das nicht gewohnt.

b) Ich bin deshalb vorsichtig, zurückhaltend, weil ich negative Erfahrungen gemacht oder sie von anderen erzählt bekommen habe. Ich möchte keine Wiederholungen, ich brauche Zeit, ich kann das momentan nicht einordnen.

Zwei *Reaktionen* der Handelnden sind dabei wichtige Hinweise auf weitere Kontakte:

a) Bagatellisierung der Mitteilungen (im Sinne des Nichternstnehmens): Stell dich nicht so an! Sei nicht gleich so misstrauisch, so zickig, spießig. Man wird doch wohl noch Spaß haben dürfen.

b) Akzeptanz der Mitteilungen (im Sinne der Empathie): Oh, das war nicht meine Absicht, das kann ich verstehen. Das tut mir leid, da war ich wohl zu spontan. Ich wollte Dir/Ihnen zeigen, dass ich Dich/Sie mag.

Fazit: »Hellhörig werden« und bleiben ist eine Vorsichtsmaßnahme und keine Prüderie in einer Welt, in der sexuelle Übergriffe zwischen Normalität und MeToo weit verbreitet sind.

Der beginnt bereits, verbunden mit Neugier, in der Kindheit, wenn die eigenen Genitalien oder durch »Doktorspiele« mit anderen entdeckt werden.

Spaß am Sex zu haben, als Jugendliche oder Erwachsene, ist heutzutage völlig normal, im Gegensatz zu früheren Zeiten, wo man gar nicht über Sexualität sprach oder höchstens von »da unten« redete.

Spaß findet dann in den eigenen Betten statt, an günstigen Orten zu zweit oder in Swingerclubs mit mehreren und wechselnden Personen. O-Ton einer Frau in einem Interview: »Unser Club ist auch nichts anderes als ein Kochkurs, ein Stammtisch oder ein Tennisclub, auf anderer Ebene und intimer.«

Die Anbahnung mit anderen Menschen unter sexueller Absicht gilt dann nicht mehr als unnormal oder unanständig, sondern als normal und selbstverständlich.

Jedoch, wo für die einen der Spaß normal ist, hört für andere der Spaß auf und wird zum bitteren Ernst. Deshalb auch hier: Auf die eigenen Bedürfnisse achten und darauf, ob der eigene Willen akzeptiert oder missachtet wird, ob es Konsens gibt oder (bereits hier) Überredungskunst oder sogar Egoismus.

Hier sind vor allem Kinder gefährdet, weil für sie Spaß und Spiel eins sind und weil sie die Realität weit weniger einschätzen können als Erwachsene. Deshalb: Aufklärung, Informationen, Reflexion der Erfahrungen, Beobachtungen und Gespräche seitens der Erwachsenen (Eltern und sozial Tätige) mit Kindern und Jugendlichen, was bisweilen äußerst schwierig sein kann, weil via Medien die Bandbreite der sexuellen Informationen horrend, oftmals nicht mehr überschaubar und in ethischer Hinsicht bereits grenzenlos ist.

Vor dem Hintergrund möglicher grenzüberschreitender Verhaltensweisen durch andere mit schädigenden Folgen verliert »Spaß haben« die Lockerheit und Ungezwungenheit, ist gleichsam Freude mit Handbremse und achtet auf Vorsicht ohne die Entspannung zu nehmen. Auf der einen

Seite ist der Preis bisweilen hoch, auf der anderen Seite das »Wäre ich doch etwas vorsichtiger gewesen« notwendig.

»Spaß haben« sagt aber auch, dass man ihn hat und ihn deswegen auch verlieren kann, wenn man sich in Gefilde begibt, die den »hellen Kopf« durcheinanderbringen, wie Alkohol oder andere Drogen, Begegnungen mit Menschen, die sich überredungsfähig geben, imposant wirken oder Verhaltensweisen an den Tag legen, die man sogar bewundert.

Fazit: Aufdringlichkeit und Bedrängen keinen Platz geben, mit einer gewissen Distanz, die Sicherheit gibt und Freiraum lässt, um mit anderen Beziehungen zu genießen. Und aus Spaß kann dann sogar tief empfundene Freude entstehen.

Verführungen

Sie haben etwas Verführerisches, einen Reiz, eine gewisse Süffisanz, etwas Ruchloses sogar und es ist für viele ein Spiel, in dem es letztlich keine Sieger:innen oder Verlierer:innen gibt, sondern akzeptierte Formen der zwischenmenschlichen Beziehungen. Spannend, und man weiß oft nicht, was dabei herauskommt, vor allem auch, weil die »Themen« noch nicht klar sind und die Konventionen (noch) eine Rolle spielen.

Verführungen beginnen meist auf verbaler Ebene, direkt oder über das Chatten, und zwar auf weiblicher und männlicher Seite, hetero- oder monosexuell, erotisch oder asexuell und theatralisch beginnend, ohne Absichten, »weil es sich so ergibt«, abwartend und allmählich aktiv werdend, wie ein Pingpongspiel, die eine oder andere Karte ziehend, und wobei man damit etwas von sich preisgibt oder sich versteckt, sich verstellen kann, sich verraten oder das wahre Gesicht zeigen, Spaß dabei haben, Freude empfinden, abtasten, wer wen verführt.

Aus verbaler Kommunikation können sich körperliche Begegnungen ergeben: berühren, streicheln, Zärtlichkeiten austauschen, ein Hin und Her der Empfindungen und in sexuelle Interaktionen wechseln bis hin zu einvernehmlichem Sex, mit den Erfahrungen der Übereinstimmungen, der Akzeptanz, der Behutsamkeit, oder dann auch hüben wie drüben Dominanz, Rücksichtslosigkeit und Durchsetzung.

Das Wechselspiel der Verführungskunst kann ein ganzes Kaleidoskop an zwischenmenschlichen Erfahrungen bringen, z. B. gegenseitige Bereicherung (Win-win-Situationen), aber bisweilen auch bittere Erlebnisse (Macht und Ohnmacht, getäuscht und ausgeliefert sein).

Fazit: Verführungen genau betrachten, um sie als Spiel oder Übergriffe sehen und deuten zu können.

Anmache

Sie ist zwiespältig insofern, als sie hoch interpretierbar ist und selten eindeutig aufgrund der Verschiedenheit der Adressaten erlebt wird: jung oder alt, unterschiedliche Herkunft, Milieus und Lebensgeschichten, Bildung, Beruf und Status.

Ich habe diesen Begriff gewählt, weil er von höflicher Kontaktaufnahme über plumpe Annäherung, hilflose Attacke bis zu unverschämter Respektlosigkeit gemeint sein und erlebt werden kann. Insofern ist er ein sehr schillernder Begriff in zwischenmenschlichen Beziehungen und wird meist als stören, belästigen, bedrängen und aufreißen verstanden.

Wir können keine Aussagen über die Motive der Anmacher (überwiegend männlich) treffen; wir können jedoch deren Verhaltensweisen wahrnehmen, bewerten und ggf. ihre Motive erraten. Zu mehrdeutig ist jeweils die Sprache. Das bedeutet für die Sender, dass sie im Ungewissen bleiben, wie ihre Botschaften ankommen und interpretiert werden: amüsant, schlau, raffiniert, geistreich, lästig und belästigend, plump, witzig, dreist, aggressiv, ironisch, sarkastisch, unverschämt.

So betrachtet, begegnen sich gleiche oder unterschiedliche Milieus, Gewohnheiten, Erfahrungen, Erwartungen, Lebensgeschichten, aus denen dann beispielsweise Klärungshilfen, Komplimente, Ausdruck der

Bewunderung, aufrichtige Einschätzungen, Kumpanei, Dreinmischen, Störungsabsichten, Abwertungen, Bloßstellungen, Erniedrigungen entstehen, die u. U. jeweils als Zustimmung, Schmeichelei, Wertschätzung, Amüsement, Lächerlichkeit, Gemeinheit, Plumpheit, Frechheit, Unverschämtheit, Übergriffigkeit ankommen.

Jede Botschaft kann also als Anmache oder jede andere Mitteilung interpretiert werden. Deshalb: Auf alles gefasst sein, was als Reaktion kommen kann, z. B. sich darauf einlassen, sich amüsieren, distanziert Zuschauende sein, sich zurückziehen, sich schützen, die Verhaltensweisen negieren. Wobei die Erfahrung gezeigt hat, dass ein Disput über die diversen Agitationen meist sinnlos ist.

Weil wir nicht abschätzen können, wie wiederum manche unserer kommunikativen Einlassungen und Reaktionen bei den Anmachern ankommen, von erwünscht bis unerwünscht, von erfolgreicher Kontaktaufnahme bis zu »typisch Frau!«, müssen wir auch hier wiederum auf alles gefasst sein: Bei Zu- und Übereinstimmung führe ich meine Kommunikationen angemessen und dialogisch fort, bei Ablehnung, Zurechtweisung, Überheblichkeit, männlichem Gehabe oder Retourkutschen bleibe ich gelassen, verstärke meine Absichten und Vorhaben und entscheide dann, ob ich mich auf einen Dialog einlasse oder das Feld räume.

Interessanterweise können sogar alle kommunikativen Variablen immer wieder als »raffinierte Anmache« bis hin zu erfreulichen Botschaften gedeutet werden, von beiden Seiten, sodass letztlich ein Kreislauf entsteht, der von einem der Beteiligten beendet und dadurch ad absurdum geführt wird.

Fazit: Genau hinschauen, damit ein Wechselspiel mit höchst spannenden Verläufen entstehen kann.

Sie ist immer die Verletzung der Autonomie der/des anderen, in allen Bereichen der Menschen, in denen Autonomie wesentlich oder garantiert ist, in nichtsexuellen wie sexuellen Beziehungen.

Sie beginnt bereits in der Kindheit durch Appelle, Missachtung und Verletzung der Gefühle, Gedanken und Handlungen:

* Gefühle: Heulsuse, reiß dich zusammen, sei ein tapferer Indianer, hör mit deinem blöden Grinsen auf, dein Gekicher nervt.

* Gedanken: Sei nicht so eigensinnig, das ist Quatsch, was du da denkst, Blödsinn, glaub mir, du hast ja keine Ahnung, mach mal erst dein Abi.

* Handlungen: Benimm dich, blamier mich nicht, hör mit deinem Rumgelaufe auf, wie du wieder rumläufst, räum dein Zimmer auf, zieh was Anständiges an, den X bringst du mir nicht mehr nach Hause.

Eigenwahrnehmungen gelten nicht, Selbsterfahrungen und Selbstentfaltungen werden verhindert, neue Welten nicht akzeptiert oder sogar zerstört bis hinein in die Erwachsenenwelt, in der die Art der Kommunikation darin besteht, jeweils dem Gegenüber zu sagen, was es zu fühlen, zu denken und wie es zu handeln hat.

ER wird gefragt, SIE antwortet für ihn; SIE hat sich ein neues Kleid gekauft, ER wirft es in den Abfall;
ER liest in einem Buch, SIE reißt es ihm aus der Hand; SIE trifft Freundinnen, Freunde, ER verbietet es ihr.

Beispiel: Ich leitete jahrelang einen Kirchenchor. Ende jeweils 21.45 Uhr. ER machte seiner Frau immer Szenen, wenn sie nicht um 22 Uhr zu Hause war.

Sexuelle Übergriffe: Etwa 90 Prozent der Frauen gaben an, dass sie im Beruf schon sexuell belästigt worden sind, und zwar verbal, gestisch und taktil.

Vollzogene Vergewaltigungen wurden nur teilweise publik, weil die Frauen Benachteiligungen, Vertuschungen, Spießrutenlaufen und Erpressungen befürchteten oder aus Scham schwiegen (inzwischen werden allerdings zahlreiche Vergehen kundgemacht).

Das heißt, dass in zwischenmenschlichen Beziehungen, privat wie beruflich, Männer ein mangelndes Gespür dafür haben, was sich gehört, vor allem deshalb, weil bisherige Konventionen nicht mehr greifen, ausgelöst durch die Medien. O-Ton X, männlich: »Manche Weiber sind ja leicht zu haben; andere krieg ich rum, und die Spröden lass ich links liegen.«

Was übergriffig ist, bestimmen nicht die Täter, sondern ausschließlich die Betroffenen, nicht die Medien, sondern die einzelnen Personen. Es gibt also keine Freibriefe mehr, sondern grundsätzlich respektvolle Zuwendungen, sachlich wie emotional, und was in Beziehungen zu anderen Menschen stimmig und fair ist mit der Prämisse, achtsam sich annähernd zuzuwenden und zu agieren.

Fazit: Als Frau Mut haben, klar zu sein in den Mitteilungen, Grenzziehungen und Verhaltensweisen.

Gewalt

gegen Menschen, Tiere und Gegenstände (und ich ergänze: auf die Natur und Umwelt) wirkt und ist häufig auch mit sexueller Gewalt gekoppelt, die dann wiederum zur Vergewaltigung führen kann (siehe nächster Abschnitt).

Historisch betrachtet, hat es in der Menschheitsgeschichte schon immer Gewalt gegenüber Tieren (Nahrungssuche), Einzelpersonen oder Gruppen (Besitzergreifung, Schutz, Verteidigung) und durch Kriege (Landerweiterung, Landgewinnung, politisches Durchsetzen) gegeben.

Biologisch setzt Gewalttätigkeit Kraft voraus, die bei Männern, aufgrund ihrer Muskelmasse, größer als bei Frauen ist. Sucht man Muster als Gegengewicht zur Gewalt, dann findet man Toleranz, Akzeptanz, Empathie, Kooperation und Vereinbarung, die weitaus häufiger bei weiblichen als bei männlichen Wesen anzutreffen sind. Beide Seiten haben in ihren Lebensgeschichten sehr unterschiedliche Lern- und Anwendungsmöglichkeiten.

Beide können sich aber helfen, statt Gewalt auszuüben bzw. zu erleiden, ihr Repertoire so zu verändern, dass Kooperation entsteht.

Deutlich sichtbar werden die Auswirkungen der Gewalt in der Persönlichkeitsentwicklung (Erziehung und Bildung), in der Bewältigung des Alltags (Männerdominanz und Frauenabhängigkeit), in der zwischenmenschlichen Kommunikation (Sprache, Gesten, Schädigungen), in der Sexualität (Gewaltanwendung und Vergewaltigung).

Realitäten

Erziehung und Bildung: Gewalttätigkeiten gab es in der Erziehung schon immer und in der Bildung, seit es Schulen gibt. In Preußen durch seine Lehrer, ehemalige Soldaten mit ihren Strafmaßnahmen, wie schlagen, Tatzen geben, verprügeln, an den Haaren ziehen, Kopfnüsse geben, auf Holzscheiten knien, öffentlich bloßstellen u. a. m. – für weitaus mehr Jungen als Mädchen. Erziehungsmaßnahmen, wie drohen, beschimpfen, abwerten, einsperren, arbeiten lassen, waren an der Tagesordnung. Die häusliche Gewalt nahm erheblich zu.

Alltagsbewältigung: Männerherrschaft, Frauen als Besitz, Unterdrückte und Dienstmägde. In der BRD gibt es etwa 350 Frauenhäuser, mit ihren Kindern insgesamt pro Jahr 15.000 bis 17.000 Betroffene.

Kommunikation: Zuhauf geschehen statt Einvernehmen und Dialoge Abwertungen, Befehle, verbale und körperliche Attacken, Beschimpfungen,

Zurechtweisungen, Erniedrigungen, Meinungskriege, Überheblichkeiten; Verächtlichmachen, Brüllen, Toben und Rauswürfe.

Sexuelles Verhalten: Schläge, Verletzungen, Zwangstaten. Aggressionen aller Art werden verschwiegen, weil viele Frauen Angst vor dem Entdecken haben; es gibt etwa 40.000 gemeldete Prostituierte, in der Mehrheit Abhängige.

Gesetzgebung: Es gibt den Begriff »elterliche Gewalt«. In den Schulen war körperliche Züchtigung bis in die Mitte des vorigen Jahrhunderts erlaubt; bis Juli 1997 galt es als Nötigung, dann: Vergewaltigung außerhalb der Ehe ist strafbar.

Bereits mit dem Beginn des Schulalters halte ich es für wichtig, für Jungen und Mädchen, für Jugendliche und vor allem für Frauen, Trainingskurse anzubieten und abzuhalten, mit dem Ziel, den potenziell Betroffenen Selbstbewusstsein, Verteidigungsvarianten, Schutz, Handlungssicherheit und gewaltfreies Leben zu ermöglichen.

Fazit: Weitschauend abzuschätzen, wann sich für mich Gewalt ergeben kann, mich darauf vorzubereiten und ggf. Auswege zu suchen, auf keinen Fall zu schweigen und entsprechende Hilfen anzunehmen.

Vergewaltigung

Sie wird durch den Europarat als ein »nicht einverständliches, sexuell bestimmtes vaginales, anales und orales Eindringen in den Körper einer anderen Person« definiert. Vergewaltigung wird außerhalb der Ehe als Straftat geahndet.

Der Gesetzgeber sieht die Vergewaltigung als physisches Vergehen, während dieser Begriff auch psychisch verwendet wird, wenn sich jemand vereinnahmt, über die Maßen überrumpelt oder nicht gefragt oder übersehen wird.

Die Vergewaltigung ist gesetzlich eine Straf*tat*, dieser Ausdruck kann aber in keiner Weise damit zum Ausdruck bringen, was dies für die vergewaltigte Person bedeutet, physisch und psychisch.

Es geht nicht um Gehorsamsein und Sichfügen, sondern um – im Wortsinn – *Vergewalt*igung, also GEGEN DEN WILLEN zu handeln, was auf sehr verschiedene Weise geschehen und/oder »passieren« kann. Der eigene Wille oder die eigene Willensäußerung geraten außer Kontrolle unter dem Einfluss von Alkohol und anderen Drogen, bei Partys, im Freien und bei Dunkelheit, bei Sportveranstaltungen, Schullandheimaufenthalten oder in Trainingscamps, häufig durchaus unbeabsichtigt, ungewollt, dann aber durch Unkontrolliertheit, Leidenschaft und »wie im Rausch«. Und alle sieben genannten zwischenmenschlichen Interaktionen können Rädchen im Gesamtvollzug sein.

Es ist äußerst bedauerlich, ja sogar schmerzlich, dass durch den Rückgang von gesellschaftlichen Konventionen, ethischen und moralischen Maximen, durch die Sexualisierung der Öffentlichkeit und im Internet Möglichkeiten gegeben sind und Schranken fallen, die Vergewaltigungen Tür und Tor öffnen.

Fazit: Sich dessen bewusst zu sein, dass es u. U. häufig keinen Raum mehr für unbedarfte, ausgelassene, unkontrollierte Verhaltensweisen gibt. (O-Ton einer Frau: »Ich hasse es, dass ich mich bei Dunkelheit nicht mehr allein aus dem Haus traue, wenn ich Schutzspray in meiner Handtasche haben muss.«) Und weiter: Vorsichtsmaßnahmen treffen, Einzelbegegnungen weniger spontan, eher geplant vereinbaren, Gruppenorgien mit Vorbehalt genießen, unbekanntes Terrain meiden. Sogar vertraute Personen können zu Tätern werden. Mir ist, als ob uns Freiheiten genommen worden sind, weil auch durch sie, menschliche Schädigungen möglich sind, eventuell physisch und psychisch irreparabel.

Die oben genannten Phänomene beziehen sich vor allem auf Begegnungen, die aus dem Augenblick heraus oder zufällig entstanden sind, vom bloßen Bekanntsein über lockere Beziehungen bis hin zu Vergewaltigungen.

Die meisten jedoch sind geplant und geschehen im Nahfeld:

Nahbereich Familie

Schockierend sind die Meldungen über den zunehmenden sexuellen Missbrauch in Familien und anderen intimen sozialen Verbindungen. Ich finde, wie viele andere Sozialexperten, derzeit keine Worte und umfassende Lösungen im Umgang mit Müttern und Vätern, die ihre eigenen Kinder vergewaltigen, die sie freigeben oder an Menschen verkaufen, die ihnen Gewalt antun, sie pornografisch filmen, sie sexuell misshandeln, sie vergewaltigen. Ein riesiger Markt ist bereits entstanden, auf dem Sex die Ware Nummer eins ist.

Die nette Frau von nebenan, der gute Onkel, der ab und zu ins Haus kommt, der Trainer, der Handball, oder die Trainerin, die Gymnastik lehrt, der Freund vom Papa, die Tante, die Geschenke mitbringt, und die Schreiber im Internet, die (insgeheim sexuell) interessiert chatten … Sie und viele andere sind die Kriminellen im Hinter- und Untergrund, die unsere Kleinen, unsere Kinder und Jugendlichen ins Verderben ziehen.

Fazit: In allen Konstellationen achtsam bleiben, statt misstrauisch zu werden, Situationen, die unüblich erscheinen, ansprechen, ohne dass ein Gefühl des Petzens oder der Kontrolle entsteht. »Ross und Reiter nennen!« lautet die Devise. Und Menschen kontakten, die vertraut sind, die Erfahrene und Experten sind, mit denen Solidarität möglich ist, die Fachleute sind (Polizisten, Psychologen, Seelsorger, Sozialhelfer) – sie alle mit dem Ziel: Schaden zu verhindern, hilfreich zu sein und Verletzte zu betreuen. Dabei ist das Gespräch eine der wichtigsten Tätigkeiten.

Ich biete Klärungshilfe an: Ich habe öfter mit Vorgesetzten gearbeitet, die mit manchen Untergebenen (meist Männern) über Verhaltensweisen oder Einstellungen reden mussten, die unakzeptabel waren: Alkoholismus, sexuelle Übergriffe, Gewaltanwendungen, Erpressungen, versteckte oder offene Vergewaltigungen. Dabei war es nicht immer einfach, die Wahrheit herauszufinden, Täter zu entlarven oder Falschmeldungen oder Verleumdungen aufzudecken. Ich empfehle folgende zwei Gesprächseröffnungen:

> 1. Herr X/Frau Y, ich habe Vermutungen/Beobachtungen gemacht, die Ihr Verhalten (A oder B gegenüber) betreffen, und muss den Sachverhalt und Ihr Fehlverhalten nachweisen. Dabei werde ich herausfinden, ob es Sie betrifft oder nicht:
>
> 2a. Sollte es Sie nicht betreffen, dann werde ich alles tun, um Sie zu rehabilitieren und Sie von den Verdächtigungen zu befreien – zu Ihrem Wohle.
>
> 2b. Sollte es Sie jedoch betreffen, dann werde ich alles tun, um Sie zur Rechenschaft zu ziehen – zum Wohle der Betroffenen.

P.S.: Die meisten haben sich darauf eingelassen, erleichtert! Um der Wahrheit willen.

Um zu vermeiden, dass die *sozialen* Kontakte in den genannten Phänomenen nicht missbraucht werden, schädigend sind und sich ggf. irreparabel auswirken, brauchen alle Beteiligten RESPEKT vor sich selbst und anderen gegenüber.

2. Macht und Herrschaft

Semantisch bemerkenswert ist es, dass von »DER Täter«, DIE Herrschaft und von »DAS Opfer« die Rede ist. Und Befragte bezeichnen sich selbst, ob Opfer oder Täter, je nach Selbstbewusstsein alternativ als Gewinner, Verlierer, Sieger, gebrochene Existenz, Held oder Opfer. Letztere sagen bisweilen von sich: Ich bin selbst schuld, naiv, gutgläubig, vertrauensselig, abhängig u. ä. gewesen.

Macht ist ein Vorzugsmerkmal männlicher Menschen. Am deutlichsten formuliert durch *Herr* und Untergebene, als *Herr*schaft und Knechtschaft, männlich und weiblich.

Statt machtvoll HERRSCHEN einvernehmlich KOOPERIEREN
Deshalb ist es gut, über Fakten Bescheid zu wissen. Sie bringen Klarheit, geben Unterscheidungsmöglichkeiten, betonen Selbstbehauptung und vermitteln Sicherheit im Handeln.

Faktenwissen

Worum es geht, wenn wir von sexueller Gewalt sprechen, reden oder schreiben? Um etwas sehr Individuelles zwischen den beiden Polen nicht-strafrelevant und strafrelevant. (Näheres siehe auch M. Miosga u. a., 2018, S. 13 ff. und Hessisches Kultusministerium, 2017):

* Hinweise auf sexuelle Annäherungen und Gewalt geben bereits eine sexualisierte Sprache oder Begutachtungen (von Kopf bis Fuß taxieren) und Bewertungen, die meist Abwertungen sind (Na, Schätzchen …), verbale Belästigungen, flüchtige oder absichtliche Berührungen, Drohungen und Erpressungen, seelische Einwirkungen wie Unterdrückung, Erniedrigung, Demütigungen, provozierende Selbstdarstellung von Nacktheit, ungeniert sexuelle Darstellungen bis hin zu geilen Bemerkungen zum Beischlaf.

Beispiel

In einer Seminargruppe nähert sich ein Mann einer Frau und sagt zu ihr, etwas abseits: »Na, haben Sie Lust zu einem kleinen Quickie in der Pause?«

Drei Reaktionsmöglichkeiten:
a) »Unverschämt« denken und unwirsch sagen: »Was fällt Ihnen ein!«
b) »Hören Sie auf, mich so primitiv anzumachen!«

c) Blick zu ihm und dann in klarer Sprache: »Nein!« und zurück in die Gruppe. (Das heißt, ihm keine Plattform geben und sich auf keine weiteren Worte einlassen.)

Mein Satz dazu: Der »darf« das (Ich kann es nicht verhindern), aber ich spiele nicht mit.

* Dass das Thema »sexuelle Gewalt« gesamtgesellschaftlich inzwischen einen breiten Raum einnimmt, liegt nicht primär an der Zunahme der Gewalttaten, sondern geschieht durch die Enttabuisierung sexueller Themen und Ereignisse, sei es privat oder sei es querbeet durch alle Medien. Was bisher unter der Decke war, tritt nun offen zutage, nämlich körperliche, mentale, verbale und seelische Macht- und Gewaltausübung.

* Kindesschändungen sind der Ersatz für sexuelle Kontakte mit Erwachsenen, denen sich die Täter (90 %) nicht gewachsen oder unterlegen fühlen, auch als Rachetaten für früh erlebte Erniedrigungen, Bloßstellungen, Gewalterfahrungen. Deshalb greifen sie zu *Macht*mitteln.

* Ehemalige Opfer werden selten zu Täter:innen. Und falls ja, dann sind deren Motive meist Rache, Vergeltung oder innere Befriedigung für erlittene Leiden.

* Die Taten geschehen tendenziell im Nahbereich: Familie, Freundeskreis, Vereine (Sport), Gruppen, kirchliche Milieus, Schulen, Internate. Fremd- und Spontantäter sind die Ausnahme. Die Taten werden gezielt und vorsichtig geplant und entsprechend ausgeführt. Kindern wird oft ein »gemeinsames Geheimnis« suggeriert, oder es werden Geschenke oder erfreuliche Versprechungen gemacht. Unverhohlen gemachte Angebote und Rigorosität sind eher Ausnahmen.

* Eindeutige Tatzuschreibungen gibt es nicht. Die Vielfalt dominiert und damit auch die Schwierigkeit, die sich bei der Täterfindung ergibt: Zeit-

nahe bis jahrzehntelanger Eruierung, um die Täter zu finden, wenn überhaupt. Deshalb ist eine »Kultur des Hinsehens« von Anfang an notwendig, im wahrsten Sinne des Wortes, und gleichzeitig Achtsamkeit, damit spekulative Zuschreibungen und falsche Bezichtigungen vermieden werden.
* Entdeckungsfiasko: Die Angst vor Entdeckung führt oft zu Verwischungen, Leugnungen und Fantasiezuschreibung der *Opfer*, so unwahrscheinlich dies klingen mag. Gründe sind Scham, Angst, sich zu outen, den eigenen Vater zu verraten, die Mutter zu blamieren, die Familie bloßzustellen – und dies mit schier unvorstellbaren Gewissensbissen und ein Hin- und Hergerissensein.

* Hilfreich sind einfühlsames Zuhören, keinerlei Zwang zum Reden, jedoch Ermutigung zu Mitteilungen, ohne Unterstellung, sie würden »petzen«. (Petzen ist dann gegeben, wenn die Mitteilungen eigene Vorteile ergeben.)

* Die Angst vor Entdeckung veranlasst die *Täter* zur Verleugnung der Tat und nach der Tat u. U. zur Ermordung der Opfer.

* Was Gewalt ist, bestimmt das Opfer und nicht der Täter. Des Öfteren hören wir Sätze der Täter, wie: Stell dich nicht so an. Sei nicht so empfindlich. Ist doch nicht so schlimm. Sei nicht so zimperlich. Lass mich mal ran! Bei Gegenwehr, weil gegen den Willen, beginnt dann oft das Drama der Vergewaltigung.

* Folgende Unterscheidung ist wichtig: Pädophile haben erotische Gefühle den Kindern gegenüber, nähern sich ihnen aber nicht sexuell, im Gegensatz zu Pädosexuellen, die sexuelle Handlungen vornehmen.

* Etwa ein Drittel/Viertel sind jugendliche Täter, und sie kommen aus allen Schichten und Milieus.

* Die Kindeswohlgefährdung nimmt zu.

* »Sexueller Kindesmissbrauch« ist auch in der klinischen Diagnostik der geläufigste Begriff. Er wird gegen körperliche und emotionale Kindesmisshandlung sowie Vernachlässigung abgegrenzt (Hess, S. 20).

* Unter Kindesmissbrauch versteht man sexuelle Handlungen mit Körperkontakt, insbesondere im Brust- und Genitalbereich, sowie das Vorzeigen pornografischen Materials beziehungsweise das *Herstellen* von pornografischen Fotos, Filmen etc. und Exhibitionismus (Handsoff-Taten) durch eine wesentlich ältere Jugendliche oder erwachsene Person.

Empfehlenswerte Verhaltensweisen in Gesprächen mit Opfern nach einer Tat (ähnlich bzw. spezifiziert in Gesprächen mit Tätern):
- Im Beisein von Experten die betroffenen Kinder, Jugendlichen, Erwachsenen, getrennt oder zusammen, zum Gespräch einladen. Zwang gibt es nicht.
- Was Opfer, von den Tätern getrennt, sagen, für »wahrhaftig« halten.
- Wahrnehmen: die Stimme, die Gesten, die Bewegungen, das Gesicht, das Gesagte, ohne eigene Fantasien zu haben
- hören, zuhören, Zeit lassen, nichts unterstellen, nichts in den Mund legen
- beobachten, wie das Opfer sich verhält
- verstehen, mitschwingen, einfühlen, mitfühlen, ohne Vorwürfe
- Absichten und Vorhaben transparent machen
- Erlebnisse und Emotionen zulassen und ansprechen
- Grenzen der Mitteilungen akzeptieren

Das Gesagte ist das Gesagte und noch lange nicht die Wahrheit. Charakterzüge…

haben wir alle durch unsere Gene, unsere Erfahrungen, Beziehungen, Umwelteinflüsse, Schicksalsschläge und Lebensgeschichten. Sie sind gleichsam unsere Lebensbegleiter, im Guten wie im Schlechten. Sie sind Teil unserer Persönlichkeit.

Blicken wir auf die Täter, so ist es wichtig, zwischen ihrer Persönlichkeitsstruktur und den Motiven ihres Handelns zu unterscheiden. Es gibt zwar Verbindungen, aber keine Schlussfolgerungen im Sinne von »Wenn …, dann …«

Im Kontext der Charakterzüge nenne ich Mängel und Fehlentwicklungen im Bereich des Sozialverhaltens der Täter (= asozial genannt), die grundsätzlich Nährboden und Auslösefaktoren für Vergewaltigungen (aber nie müssen!) und soziale Verhaltensweisen (sozial genannt) als Gegengewicht sein können. (Siehe auch im Internet: Th. Milbradt, 2022, der sich inhaltlich auf Marc MacYoung bezieht.)

a-soziale Merkmale	*soziale Merkmale*
Rücksichtslosigkeit	Rücksichtnahme
Tendenz zur Egozentrik	Empathie
Aggressivität	Kontaktfähigkeit
Rache	Gefühlsstärke
Abscheu	Humanität
Besessenheit	Selbstwahrnehmung
Kontrollverlust	Selbstbeherrschung
Alkohol, Drogen	Mäßigung
Abwertung	Wertschätzung
Bagatellisierung	Ernsthaftigkeit
Negierung	Akzeptanz
Überheblichkeit	Integration

Wenn Sie diese Merkmale auf sich beziehen, sie Revue passieren lassen, dann, so vermute ich, werden Sie manche finden, die Sie auch bei sich entdecken, wie Aggression, Überheblichkeit oder Unkontrolliertheit.

1. Diese asozialen Merkmale weisen auf mangelnde soziale Kompetenz, auf psychische Instabilität, auf Unterentwicklung der Psyche hin.
   Diese Verhinderung an Wachstum und Entwicklung der Sozialfähigkeit und die mangelnde Reife der Psyche reichen bis in die Kindheit zurück und auf die dort erfahrenen zwischenmenschlichen Beziehun-

gen: Gängelungen, Manipulationen, Appelle, Verbote, Beschimpfungen, Drohungen, Strafen, körperliche Züchtigungen, Erpressungen, Liebesentzug. Deshalb meide ich den Begriff ERziehung, weil er m. E. die größte Störung im Wachstumsprozess von Menschen ist.

Psychische Reife entsteht und die Mängelmerkmale reduzieren sich dann, wenn Mädchen und Jungen (und fortführend in ihrer Weiterentwicklung zu Erwachsenen) Möglichkeiten bekommen, soziale Verhaltensweisen zu lernen. Dies geschieht fast ausschließlich in sozialen Milieus, wie Familien, Kitas, Schulen, Peergroups, Vereinen, Berufseinrichtungen, vorausgesetzt, sie sind in der Realität wirklich sozial und nicht nur dem Namen nach.

Beispiele

Soziales Verhalten	*lernt man/erfährt man/trainiert*
Rücksichtnahme	Ich bin leise, wenn mein Papa schläft oder wenn meine große Schwester Bauchweh hat.
Empathie	Ich streichle meine Mama, wenn sie traurig ist und weint. Oder ich helfe meiner kleinen Schwester.
Ausgeglichenheit	Kein Stress, und manchmal brauche ich auch Ruhe. Meistens höre ich dann Musik.
Kontaktfähigkeit	Ich kann sowohl für mich allein als auch mit Freunden zusammen sein. Von denen lerne ich.
Gefühlsstärke	Ich darf lachen, weinen, hüpfen, trösten, wütend sein, stampfen.
Humanität	Andere so lassen wie sie sind, und sie mich auch: Dicke, Dünne, Große, Kleine, Gescheite …
Selbstwahrnehmung	Ich denke über mich nach und schreibe in mein Tagebuch.
Selbstkontrolle	Ich schreibe manchmal auf, was ich getan habe, und kontrolliere, was ich gut oder nicht gut fand.

Selbstbeherrschung	Ich nehme mir vor, nicht gleich die Sau rauszulassen. Manchmal gelingt's mir schon.
Grenzziehung	Ich trau mich, öfter Nein zu sagen und auch, was ich mag oder nicht mag.
Ernsthaftigkeit	Ich glaube, das bin ich manchmal zu viel, oft auch wenn ich Angst habe.
Wertschätzung	Ich glaube, das ist, wenn ich meine Mama lobe, weil sie so gut gekocht hat.
Akzeptanz	Ich nörgle zu viel an meinem Bruder rum. Er sagt dann: Lass mich in Ruhe!
Stabilität	O je, das fällt mir schwer, vor allem, wenn ich meine Tage habe. Da bin ich mal so, mal so.
Integration	Das kann ich ganz toll, weil ich nicht gerne streite und ein cooler Typ bin.

»Ich ernähre mich von meinen Fehlern«, sagte Joseph Beuys.

Jedoch: *Jungen* haben weitaus weniger Möglichkeiten oder Gelegenheiten für soziales Lernen und für Sozialtraining als Mädchen aufgrund ihrer defizitären Erziehungspraxis. Sie wirkt sich später in ihrer Erwachsenenwelt schädlich aus im Umgang mit sich selbst und vor allem im Umgang mit weiblichen Menschen, wo dann Verhaltensweisen wie Durchsetzung, Ellenbogenmentalität, Übergriffigkeit, Vereinnahmung und Gewalt vorherrschen.

Übungsfelder für Jungen: das geschwisterliche Baby in den Arm nehmen, dem kleinen Bruder beim Essen, beim Anziehen helfen, der Mutter in der Küche beistehen, in der Wohnung saugen, Freund der Waschmaschine sein, dem Vater im Garten helfen, der (alleinerziehenden) Mutter Wadenwickel machen, in der Schule Sozialdienste übernehmen, sich zur

Jugendfeuerwehr melden, im Verein den Jüngeren helfen, den Älteren zur Hand gehen.

Beispiel: Reinhold als Junge

* Ich habe über Jahre hinweg jeden Tag meine Mutter gefragt, ob ich ihr in der Küche helfen kann.

* Zu Weihachten hat mich meine Mutter immer in das Altersheim geschickt, um einigen Bekannten Päckchen zu geben, sogar meiner Lehrerin als Pensionärin.

* Ich habe mich nie gescheut, meinen Eltern, meiner Schwester in der Öffentlichkeit Busserl zu geben, und bin ein Schmuser geblieben.

Es ist keine Selbstverständlichkeit, weil das Aufwachsen im »Erziehungsalter« auch eine Fülle von »Dreinmisch-Menschen« hat: Eltern, Geschwister, Verwandte und Bekannte, Erzieherinnen und Lehrerinnen, Lehrer, Meisterin, Meister. Sich selbst zu erfahren, ist dann eine immense Gesamtleistung mit dem Ziel der Selbstakzeptanz und der Negierung von Verneinungseinflüssen, wie zu klein, zu groß, zu dick, zu doof, ein Störenfried, ein Taugenichts, ein Außenseiter, Querulant, eine Schande für die Familie, ein schwarzes Schaf, ein Schandfleck, unangepasst, ungehorsam, unwillig … Bewertungen ohne Ende.

Deshalb die Ermutigung zur *Selbst*erfahrung im Fühlen, Denken und Handeln mit der Beantwortung der Frage: Wer bin ich? Was traue ich mir zu? Was kann ich? Was probiere ich aus? Worauf lasse ich mich ein? Wie gehe ich mit meinen Stärken und Schwächen um? Wem kann ich glauben, trauen? Wie bewerte ich mich und wie andere? Wo bin ich eigensinnig, wo cool und wo fremdbestimmt? Mir werden auf meinem Weg zur Selbstfindung und auf der Suche nach Identität keine Steine in den Weg gelegt.

Wenn Kinder und Jugendliche sie selbst sein dürfen (innerhalb von

Grenzen), dann müssen sie in ihrem Erwachsenwerden keine Widerstände überwinden, weil sie wertschätzende Begleitung haben und sich trauen, sie selbst zu sein und eigene Stärken zu entdecken:

Körperbewusstsein: Ich bin muskulös, groß, stark, ich bin pummelig, ich lege Wert auf mein Aussehen, ich bin attraktiv, ich bin hellhäutig, dunkelhäutig, gesund, öfter krank, behindert, ich mag meinen Körper, ich mag ihn nicht, ich pflege meinen Körper, ich esse gesund, ich treibe Sport.

Beziehungsfähigkeit: Ich bin gern mit Menschen zusammen, rede gern und höre zu; ich kümmere mich um andere; ich akzeptiere die Verschiedenheit; ich kann trösten, verstehen, ermutigen; ich ziehe mich manchmal zurück; ich bin hilfsbereit; ich arbeite gern mit anderen zusammen; Streit mag ich gar nicht, aber faires Diskutieren; ich bin ein versöhnlicher Typ; ich bin ein Teamer.

Gefühlsstärke: Ich kann weinen und lachen, Emotionen zeigen. Ich berühre mich und andere gern. Ich kann streicheln, schmusen, behutsam sein. Manchmal bin ich kindisch, ausgelassen, übermütig. Die Wörter zärtlich, innig, liebevoll mag ich. Ich habe bisweilen Trauer, Schmerz, Sehnsucht, Fernweh. Ich bin oft froh, heiter, ernst, nachdenklich, entspannt, und ich bin manchmal verliebt. (Wussten Sie, dass Männer bei Beerdigungen häufig Sonnenbrillen tragen? Dass Reporter es extra erwähnen, wenn Männer weinen, und sie meist als schwul angesehen werden, wenn sie fürsorglich sind?)

Empathie: Ich merke, wenn andere Menschen melancholisch, niedergeschlagen, traurig, deprimiert sind; ich bin aufmerksam, einfühlsam, tröste, bin da. Ich höre mir die Sorgen, Nöte, Ängste anderer Menschen an; ich kann sie in den Arm nehmen, sie begleiten, ihre Hand halten und ihnen helfen: Ich akzeptiere, wie sie sind. Und manchmal bin ich auch nur für mich allein da.

Schaut man auf die Motive sexueller Vergewaltiger, so sind sie tendenziell gering. Die Wissenschaft nennt hauptsächlich Macht, Unterlegenheitsgefühle, Hass, Frustration, Stress, selten Triebbefriedigung und den unbedingten Willen, sie *in Gewalt* umzusetzen.

Es heißt oft, Männer seien »schwanzgesteuert«. Dies mag für manche der Fall sein. Primär jedoch sind ein fehlendes Selbstbewusstsein und der Mangel an Sozialität Gründe für Fehlverhalten. Der Penis ist (lediglich) das wichtigste Mittel und die vaginale, orale und anale Penetration inklusive Orgasmus ist die entsprechende »Methode« für ihre Motive, um zum Ziel zu kommen. Gewalttäter wählen deshalb die Sexualität zu ihrem Hauptfeld, weil sie dort die Betroffenen am empfindlichsten und intimsten und sich selbst am stärksten und lustvollsten treffen bzw. erleben können.

Sie bevorzugen zur Machtausübung weibliche Menschen (Ausnahme in Internaten), weil sie für sie minderwertig sind und deren Selbstbestimmung und Gleichberechtigungsbestreben ablehnen. Jungen wählen sie dann aus, wenn sie von weder Widerstand noch Auflehnung zu erwarten haben. Klerikale sind besondere Autoritäten, weil sie als von Gott erwählt gelten.

Nun sind die Motive der Vergewaltiger noch lange kein Grund, Frauen, Jungen und Mädchen zu vergewaltigen. Sie können ihre Motive durch gezielte Beratungen, Interaktionen, Einzel- und Gruppentherapien entweder reduzieren, löschen oder in andere Verhaltensweisen umwandeln.

Und vor allem: Menschen sind in der Lage, Haltungen und Handlungen mit sich und anderen akzeptabel zu lernen, selbstaktiv oder mit Hilfen durch andere.

Machtausübung: Akzeptanz und Stärkung der Persönlichkeit

Erniedrigung: Dem eigenen Ich Bedeutung und Sinn geben

Unterlegenheitsgefühle: Gleichwertigkeit selbst erspüren, durch andere bekommen und dadurch Zufriedenheit erlangen

Stress: Änderungen der Lebensgestaltung, Entlastungen suchen und Überforderungen meiden

Hass: Nach Ursachen suchen und die eigenen Gefühle in annehmbare Verhaltensweisen modifizieren

Frustration: Lernen, mit Wünschen und Erwartungen umzugehen, mit dem Ziel der Frustrationstoleranz

Sexuelle Gewalttäter benutzen also ihre Sexualität nicht, um primär *sexuell* befriedigt zu werden (dazu hätten sie auch andere Möglichkeiten), sondern um ihre *Motive* zu befriedigen, die andere Ursachen haben. Deshalb wenden sie sich in ihren Augen den schwächsten Personen zu: hilflosen Kindern, heranwachsenden und ihre Identität suchenden Mädchen und Jungen und meist erwachsenen Frauen, die auf sie naiv und »unbedarft« wirken.

3. Täter und Opfer

Beide Seiten erleben »das Ereignis« oder die Geschehnisse äußerst unterschiedlich, je nach Alter, Erfahrungen, Persönlichkeit, Lebensgeschichten und Milieus, aus denen sie kommen, wobei zu beachten ist: Jeder Fall ist ein Einzelfall. Es gibt es keine vollständigen Statistiken, stattdessen kaum einschätzbare Dunkelziffern.

Die Täter

Am Anfang war die Tat.

Das Hauptmotiv der Täter ist *Gewalt.* Ihre Opfer sind bereits ausgewählt, nämlich Menschen, die wehrlos, abhängig, gehorsam, willensschwach, hörig und untertänig sind oder so wirken. Selbstbewusste, eigenständige, starke Persönlichkeiten interessieren die Gewalttäter weniger, außer sie reizen sie, und die Täter sagen sich: Jetzt erst recht. Der Kampf mag beginnen. Frauen und Männer, die sexuell einvernehmlich sind, bleiben links liegen. (Wie z. B. Frau X, die lautstark sagte: Ich will keine Weichlinge und keine Wichser, sondern Ficker! Bei ihrer Willfährigkeit gibt es dann keine sexuelle Gewalt.)

Hinweis
a) Kinder sind gesetzlich nicht willensfähig, obwohl sie öfter willensstark sind, wenn sie etwas haben möchten.
b) Willensstarke Frauen müssen Vergewaltigungen dennoch erleiden, weil sie rein biologisch weniger (Muskel)Kraft aufweisen

Gründe der Gewalt

Machtausübung: Bertolt Brecht schreibt: »Herr kann nur sein, wenn er Diener hat.« Macht ausüben kann nur der, der Machtlose hat. Falls nicht, macht (!) er sie sich durch Gewalt. Denn ohne Macht fühlt der Täter sich selbst machtlos – worunter er möglicherweise ein ganzes Leben zu leiden hatte.

Erniedrigung: Diese wird, im schlimmsten Fall, von klein auf erlebt, in vielen beiläufigen bis hin zu extremen Variationen. Das Ich des Täters schreit nach Anerkennung und Gleichberechtigung, die er Frauen abspricht.

Unterlegenheitsgefühle: »Ich kann das ja doch nicht«, lautet die Devise des Täters. Und er zeigt durch Gewalt, was er kann, und zwar auf einem alle Menschen betreffenden Gebiet, der Sexualität. Auch hier will er Frontman sein. Ein junger Sexualtäter wurde nach seinen Motiven gefragt. Seine Antwort lautete: »Damit ich ins Fernsehen komme.«

Stress: Die erlebten Überforderungen kompensiert er durch Gewalttaten, eventuell anstrengend, aber durchaus lustvoll und für ihn erfolgreich.

Hass: Oft zutiefst verletzt, kann er dies kaum anderen gegenüber zur Sprache bringen und verarbeiten. Er rächt sich, indem er andere verletzt.

Frustration: Er hat unerfüllte Wünsche, Erwartungen, Luftschlösser, aber auch Entsagungen und Mängel erleben müssen. Frustrationstoleranz hat er nie erlernen können oder müssen. Nun schlägt er um sich. Erfolgreiche Vergewaltigungen lassen ihn seine Misserfolge vergessen.

Zur Aufarbeitung der Fälle gehört es auch, die Täter in ihren Mitteilungen ernst zu nehmen: ihre Leugnungen, Ablehnungen und Widersprüche, ihre Aggressionen und Regressionen, ihre Selbstvorwürfe und Schuldgefühle, ihre Augenscheinlichkeiten und Verborgenheiten, ihr Bagatellisieren und Rechtfertigen; ihre Zu- und Eingeständnisse. Schuldzuweisungen haben hier keinen Platz, vor allem, wenn wir Näheres über ihre eigenen Lebens- und Leidensgeschichten erfahren wollen. Täter verstehen, heißt nicht, ihre Taten zu akzeptieren.

Die Opfer

Jedes Opfer ist einmalig. Deren Reaktionen können Gleichgültigkeit, Über-sich-ergehen-Lassen, Irritationen, Empörung, Lähmung, Verletztsein, Schmerzen, Leiden, Wut, Entsetzen, psychosomatische Störungen, Schockzustände sein.

Babys: Weil sie noch Windeln brauchen und im Genitalbereich des Öfteren wund sind, unangenehme Empfindungen und sogar Schmerzen haben, können ihnen Missbrauchshandlungen bekannt sein. Ihr Weinen und Schreien sind die Folge des körperlichen Unbehagens und der Verletzungen. Es bleibt im Ungewissen, inwieweit diese Erlebnisse bewusst oder unbewusst gespeichert werden.

Kleinkinder: Meist sind es vertraute Personen: der liebe Papa, der nette Onkel, die freundliche Tante, der Besuch mit Geschenken, die sich ihnen auf diese Weise nähern. Was sie mit ihnen machen, können sie nicht immer einordnen, sie stimmen bisweilen sogar zu, sind aber häufig unwissend, was mit ihnen geschieht und warum sie Schmerzen haben. Neben den körperlichen Schädigungen ist vor allem der Vertrauensverlust das schlimmste Übel.

Kinder: Bei ihnen ist es meist das Gleiche, mit dem Unterschied, dass sie die sexuellen Misshandlungen bewusster wahrnehmen, verbunden mit anfänglicher Neugier, einem gewollten Mitmachen, bravem Gehorsam und letztlich Duldung, um nicht zu enttäuschen. Man kann dazu sagen: Sie sind noch im echten Sinne naiv.

Mädchen und Jungen: Bereits aufgeklärt und ggf. mit sexuellen Erfahrungen, stimmen sie meist zu, die sexuellen Wünsche zu erfüllen: dem Papa, dem netten Nachbarn, dem Priester, dem Lehrer, mit dem Gedanken: Ich kann sie (als Autoritäten) doch nicht enttäuschen. Wir haben sogar Geheimnisse miteinander. So erklärt sich auch der Tatbestand, dass sich Missbrauch über Jahre hin erstrecken kann und das Schweigen auch. Wirkt auch die Mutter mit, dann verschlimmern sich die Zustände, weil man der eigenen Mutter am meisten vertraut. Was sie tut und macht, kann doch nur gut sein, oder: Sie ist immer so streng zu mir. Da muss ich folgen.

Frauen: Sie werden entweder unmittelbar überfallen, in der Ehe gezwungen oder von Vorgesetzten überredet, unter Vorspiegelung falscher Tatsachen (Beförderung, berufliche Sicherheit, Partnerschaft, Ehe …). Enttäuschung, Scham, Schuldgefühle bleiben zurück und mit ihnen das Schweigen über den Missbrauch. Erst in den letzten Jahren haben sich, ermutigt durch die Emanzipationsbestrebungen, immer mehr Frauen geoutet, und die Öffentlichkeit nimmt großen Anteil an den Aufklärungen (zumindest in unserem Kulturkreis).

Ergänzungen: Kinder und Jugendliche wissen meist nicht, was Inzest ist und dass er strafbar ist. So können sie sexuelle Handlungen kaum einordnen und erleben Vater, Mutter, auch ältere Geschwister häufig als ambivalent: zugewandt, liebevoll, großzügig, fordernd, ungeduldig, streng, bestrafend, gewalttätig. Sie sind dann hin- und hergerissen zwischen Stillschweigen, Erzählenwollen, Schamgefühlen, sind in sich gekehrt oder keineswegs Opfer: O-Ton eines Jungen: »Meine Mama hat gesagt, ich soll ihn reinschieben. Das hab ich gemacht und sie gestreichelt. War okay. Kenn ich von Pornos.«

Es stimmt: Jeder Fall ist einmalig. Das macht den Umgang und die entsprechenden Hilfen bisweilen so schwer.

Besonders sind auch Institutionen, in denen Nähe und Vertrauen eine große Rolle spielen, potenziell ein willkommenes Terrain für Sexualtäter. Die Vorkommnisse in der katholischen Kirche haben die Öffentlichkeit schockiert und viele junge Menschen zu Opfern gemacht, weil sie den Gottesmännern, als nicht hinterfragbare Autoritäten, nämlich »von Gott auserwählt«, bedingungslos glaubten! »Sie sind doch unantastbar, unangreifbar, sogar göttlich!« Meines Erachtens ist der Missbrauch unter dem Deckmantel kirchlicher Obhut deshalb besonders schändlich!

Ich kenne Fälle, in denen sich Priester gegenseitig in der Beichte die Absolution geben, dadurch von ihren Sünden befreit (»Ego te absolvo peccatis tuis«) und unter der Schweigepflicht sicher sind, dass nichts an die Öffentlichkeit gerät!

Heime, Internate, kirchliche und andere private Schulen waren Opferstätten, in denen pädophile und vor allem pädosexuelle Priester, Mönche, Nonnen, Erzieher, Lehrer (Beispiel Odenwaldschule) und männliche sowie weibliche Vorgesetzte ihre Schandtaten zelebrierten (siehe auch: Klerikale Sexualität, S. 96).

Menschen, die betroffen sind, brauchen Hilfe: Zuwendung, Versorgung und Fürsorge, Empathie, Betreuung, Schutz, Dasein und ggf. Vermittlung, Kontaktaufnahme mit entsprechenden Beratungsstellen, Einrichtungen (z. B. die Opferhilfe oder den »Betroffenenrat«).

Die Opfer: Gegenwart und Zukunft

Oft sind Störungen und Schädigungen bei den Opfern die Folgen, die kurz- oder mittelfristig behoben, beseitigt oder geheilt werden können, aber auch ein Leben lang als Schädigung in Erinnerung oder als Leiden und Krankheiten beibehalten werden:

Angstreaktionen und -attacken	Aggressionen
einnässen, einkoten	Depressionen
Sprachstörungen	Essstörungen
Selbstverletzungen	Traumata
Suizidgedanken und -handlungen	sozialer Rückzug
Zwangshandlungen	sexuelle Störungen
Schafstörungen	sexuelle Abneigung
Albträume	Lernstörungen

* Selbsterfahrung: Als Junge lebte ich in einem Ort, in dem es auch ein Männer- und ein Frauenkloster gab. Bei den Mönchen war ich Messdiener mit der Erinnerung, dass ein Pater mir nach dem Gottesdienst, allein in der Sakristei mit mir, vorher fragend, einen Kuss gab. Bussis war ich von zu Hause gewohnt, einen nassen Kuss, übelriechend nach Tabak und bärtig, empfand ich als ekelig. Ich erzählte davon daheim und wunderte mich nur, dass mein Vater mich mit der Begründung in einer anderen Pfarrei anmeldete: »Dann musst du nicht so früh aufstehen.« Ende, nie wieder Thema. Bis, ja bis heute, weil ich seitdem, unbewusst, nie wieder Männer geküsst habe, es mir unangenehm ist, wenn Männer sich küssen, und ich den Geschmack von Tabak in Bärten bis heute nicht riechen kann. (Und ich, vor Jahren, die Ursache dafür herausfand.) Am Missbrauch knapp vorbeigeschrammt!

Dieses Beispiel ist noch harmlos gegenüber Erfahrungen von Opfern, über die sie berichten, erschreckend, entsetzlich, unmenschlich:

* Herr A. war Messdiener und musste über einen längeren Zeitraum durch Fellatio einen Priester befriedigen. Bis heute leidet sein Sexualleben unter diesen Vorfällen.

* Frau B. wurde als Mädchen von ihrem Vater und ihrem Stiefbruder vergewaltigt. Sie hat geheiratet, zwei Kinder geboren, sich von ihrem Mann getrennt. Therapien waren notwendig, und sexuelle Beziehungen zu Männern sind für sie nicht mehr möglich.

* C., eine Schülerin, fuhr vergnügt mit ihrer Klasse in ein Erlebniswochenende, an dem sie vergewaltigt wurde. Wochenlang verschwieg sie diesen Schock, bis sie ihrer Mutter berichten konnte. Sie ist immer noch in Therapie mit großen Schulschwierigkeiten.

* Herr D. war Schüler in einem Internat. Dort war Körpernähe normal, auch nackt, bis zu dem Zeitpunkt, als mehrmals ein Pädagoge Jungen einzeln in sein Zimmer einlud, wo es zu sexuellem Missbrauch kam. Herr D. gehörte zu den Eingeladenen. Ablehnung und Widerstand waren unmöglich, weil der Täter äußerst beliebt und zu den Jungen fast wie ein älterer Bruder war.

* Frau E., Lehrerin, wurde von vielen als unnahbar, abweisend, kalt empfunden. Für einen Teil des Kollegiums war ihr Verhalten erträglich, andere lehnten sie ab, bis sie, im Rahmen einer Beratung, den Mut hatte, sich zu öffnen und mitzuteilen, wie sehr sie unter diesen »Zuschreibungen« und Bewertungen litt. Sie verwies unter Tränen auf Jahrzehnte zurückliegende Vergewaltigungen in einem Erziehungsheim.

Die Fälle zeigen, wie sehr Menschen unter Langzeitschädigungen leiden. Therapien sind notwendig geworden, psychosomatische Erkrankungen begleiten die Opfer oft ein ganzes Leben lang. Täter sind häufig nicht mehr belangbar und Wiedergutmachungen, auch finanzieller Art, stehen immer noch aus.

»Mein ganzes Leben ist verpfuscht«, sagte ein Betroffener unter Tränen.

Die Täter: Gegenwart und Zukunft

Diesen Satz des Betroffenen haben manche Täter hören müssen. Ob sie ihn auch für sich geltend machten angesichts ihrer Schandtaten? Wie ging es ihnen in ihrer Gegenwart, unmittelbar nach ihren kriminellen Vergehen? Und wie sah und sieht ihre Zukunft aus?

- Viele Täter sind nicht mehr auffindbar, viele Taten verjährt.
- Falls Täter gefasst werden, sind Wiedergutmachungen einforderbar, allerdings nur materiell (Krankheitskosten wie Therapien, Reha, Kuren sind meist schwer nachweisbar).
- Entschuldigungen sind eher selten, können auch von den Betroffenen nicht angenommen werden.
- Schuldige Väter, Mütter, Geschwister verlassen die Familie. Ehen werden getrennt. Kinder sind, nach Aufdeckung der Vorkommnisse, als »nur« Wissende oder Betroffene, schockiert und brauchen lange, wennes ihnen überhauptmöglich ist, bis sie sich mit ihren Vätern, Müttern versöhnen.
- Juristische Einlassungen sind entweder hilfreich oder reißen alte Wunden auf. Lösungen dauern meist lange.
- Seelische Narben bei den Opfern bleiben.
- Reue bei den Tätern, auch in kirchlichen Kreisen, kommt vor, ist aber, die Recherchen zeigen es bis heute, keineswegs selbstverständlich.
- Die, im wahrsten Sinn des Wortes GLAUBwürdigkeit, insbesondere der Kirche und der klerikalen Täter, als Glaubensvorbilder (!), bröckelt oder ist zerstört.

Um den sexuellen Gewalttaten, mit all ihren Variationen, vorzubeugen, sind deshalb Schutz und Immunisierung gegen die Täter im Vorfeld und Solidarität generell eminent wichtig.

4. Schutz, Immunisierung, Solidarität

Ich beschreibe Schutzmaßnahmen gegen körperliche Attacken, sexuelle Gewalt und Immunisierung gegenüber Beschimpfungen, im Vorfeld von Vergewaltigungen, Beleidigungen und weise auf die Bedeutung menschlicher Solidarität hin.

Hier auf dem Papier kann ich lediglich beschreiben und hoffen, dass meine Worte Motivation für entsprechendes Training in der Praxis sind.

Weil körperliche Angriffe auf Frauen (Mädchen, Jugendliche) vehement zugenommen haben, ist es inzwischen äußerst wichtig – und völlig gewöhnlich –, ihnen erfolgreiche Selbstverteidigung zu ermöglich. Dies geschieht durch Trainings, z. B. in Schulen, Sportvereinen, Volkshochschulen, privat in den eigenen Familien, in Peergroups.

Hier geht es um zwei Schritte des Abwehrverhaltens, nämlich um das Abschätzen und um die körperliche Verteidigung. Körperliche Attacken sind für Männer aufgrund ihrer muskulären Überlegenheit Frauen gegenüber von klein auf vertraut. Frauen können dem zweierlei entgegensetzen:

1. Die Einschätzung

Sie besteht darin, körperliches Verhalten von Männern genau zu beobachten, um die Bereitschaft zu körperlichen Attacken herauszufinden und ggf. gewappnet (= vorbereitet) zu sein für Selbstverteidigung Männern gegenüber.

Körperhaltung: Oberkörper, Beinhaltung, Oberarme, Hände, Fäuste sind angriffsbereit.

Gesicht: Stirn gerunzelt, Lippen, Backen (angespannt), gerötet, Augen
Stimme: mittel, laut, leise, erregt
Bauch: angespannt, Atemfrequenz hoch
Körperabstand: normal, zu nah, weiter weg, nach vorn gebeugt

2. Die körperliche Selbstverteidigung

- stehend, mit festem Beinstand, Gegner im Auge behalten
- eigener Körperschutz durch Hände, Arme und nötigen Abstand
- gekonnte Abwehr vor unkontrolliertem Angriff
- NOTfalls Arm- oder Beinschläge, dort wo es weh tut: Arme, Unterleib, Beine
- Ausweg: Schreien und Wegrennen

Es heißt »Schutz vor …« und nicht »Maßnahmen gegen Gewalt im Bett«.

Das heißt: vorbereitet statt unvorbereitet sein, mental, sachlich, körperlich, und Hilfen holen, und zwar sowohl im häuslichen Bereich als auch in Spontan- und Akutsituationen auswärts, und ähnliche Verhaltensweisen haben wie bei körperlichen Attacken.

Folgendes ist zu tun

wahrnehmen:	den gesamten Körper: Haltung, Gesten …
beobachten:	die Bewegungen und den Körperabstand
einschätzen/abschätzen:	unschlüssig, bedrohlich, gewaltbereit
vorausschauen:	auf Erfahrungen und Fantasien zurückgreifen
Fluchtwege benutzen:	die Sie kennen und benutzen und davonlaufen
Hilfen parat haben:	Handy, Nachbarn, Personen in der Öffentlichkeit
eigenes Verhalten:	rufen, schreien, brüllen

Ihr gelerntes Abwehrverhalten, im Training gelernt, anwenden: Es geht um Ihr Leben als potenzielles Opfer.

Immunisierung gegen Personen, die beschimpfen und beleidigen

Sie werden beschimpft, beleidigt: Du Schlampe, du Fotze, du Hure (und mit noch weitaus schlimmeren Bezeichnungen). Es geht hier um verbale Attacken.

Als *Reaktion* auf Beschimpfungen und Beleidigungen haben Sie mehrere Möglichkeiten:

1. Handeln aus dem Affekt: das heißt, spontan, unkontrolliert auf Beschimpfungen antworten, selbst wiederum mit Beschimpfungen: »Du ...«
2. Agieren mit »Kopf, Herz und Hand«: das heißt, kontrolliert antworten, deutlich die Grenzüberschreitung stoppen, deeskalierend reagieren, beruhigend wirken, abwarten ...
3. Die Beschimpfungen negieren und das Feld verlassen.
4. Emotional nicht getroffen sein, weil Sie das, was Sie hören, nicht sind.

Es gibt ein *Handlungsmodell,* das ich *Transformation* nenne, um die Situation zu entschärfen und selbst unbeschadet zu bleiben. Es besteht darin, dass die Beschimpfungen, Beleidigungen transformiert werden, und zwar von der *Affektstufe* (I) über die *Gefühlsstufe* (II) zur *Problemstufe (III)*:

Struktur	Handlungsreaktion
Stufe I: affektives Verhalten	*Verhalten negieren*
– »Du Fotze, verpiss dich, sonst nehm ich dich von hinten!«	(weil ich nicht betroffen bin)
Stufe II: Gefühle, Gedanken	*Gefühle aufnehmen, erfragen*
– Wut, Zorn, Ärger ..., falls vorhanden, zulassen	»Ganz schön sauer, nicht dein bester Tag heute ...« (statt kontern, auffangen; dies entschärft die Situation)
Stufe III: Das Gegenüber wahrnehmen, das Problem ansprechen	
Ruhig bleiben, Blickkontakt aufnehmen, Abstand halten	»Was ärgert Sie? Stress?« (verstehen, falls möglich)

Häufig gilt: Je stärker die Beschimpfungen sind, desto schwieriger ist die Situation des Gegenübers.

Es wird deutlich: Menschen, vor allem wenn sie in Konflikte geraten, unter Stress stehen, erschrocken sind oder sich bedroht fühlen, meinen »eigentlich« etwas ganz anderes als das, was sie sagen bzw. tun. Verbale Attacken und körperliche Tätlichkeiten erscheinen so in einem anderen Licht, und Täter können besser verstanden werden.

Beispiel Schule: Ein Vater beleidigt verbal. Sie bleiben gelassen (= weil Sie das, was er zu Ihnen sagt, nicht sind), hören zu. Weil der Vater keinen Konter bekommt, wird er ruhiger und sagt nach einiger Zeit: »Ich habe Angst, dass mein Sohn das Klassenziel nicht erreicht.« Ab da kann ein klärendes Gespräch stattfinden.

Beispiel häuslicher Bereich: Die Beschimpfungen sind hier besonders stark, weil es, außer den Kindern, keine »Zuschauer« gibt. Ihr Mann (Partner, Freund …) wirft Ihnen vor, sie hätten was mit dem Nachbarn, und brüllt: »Du Hure, ich schmeiß dich raus … Ich bring dich um …« Verhalten wie oben, mit folgenden Ergänzungen bzw. Varianten:

* Stehen oder sitzen, Blickkontakt, Abstand halten

* Ihr Mann ist im Affekt (= unkontrollierte Gefühle), deshalb zuhören und währenddessen, wie in (2), wahrnehmen und beobachten

* keine Diskussionen, keine Rechtfertigungen, kein » Aber …«, denn: Wer im Affekt ist, dessen Hirn kann nicht gleichzeitig diskutieren.

* Situation abschätzen: Geht das Verhalten in Richtung (2), weil ruhiger geworden, dann (2) weiter, wenn nicht, dann oder wenn eskaliert, dann (3).

* Falls er sagt, so oder ähnlich: »Sagst ja gar nichts. Sag du mal was! Stimmt das?« Dann, ruhig: »Ich muss mich erst beruhigen. Ich brauche etwas Zeit …« (Auf keinen Fall Appell: »Beruhige dich erst mal!« Wer im Affekt, noch dazu ggf. laut ist bzw. brüllt, ist nicht in der Lage, zu tun, was andere sagen.)

* Den Raum schweigend verlassen, das Gesicht dem Mann zugewandt

Zur Klarheit: Beschimpfungen anderer *verstehen* und sie deuten (= entschlüsseln), heißt nicht, sie einfach hinzunehmen und ist kein *Freibrief* anderer für Beschimpfungen, nach dem Motto: Der/die hat ja Verständnis, den/die kann man ungehindert beschimpfen.

Wenn Sie über diese drei Stufen und die tieferliegenden Gründe Bescheid wissen, können Sie entscheiden, wie Sie sich verhalten werden:

(I)   auf die Vorwürfe und Beschimpfungen selbst wiederum mit Vorwürfen und Beschimpfungen reagieren
(II) die dahinterliegenden Gefühle/Gedanken eruieren, aufgreifen, sie akzeptieren und einfühlsam sein
(III) die Hilflosigkeit und das persönliche Problem der jeweiligen Person verstehen und ihr lösungsorientiert helfen

Die *Immunisierung* besteht darin, sich der drei Stufen bewusst zu werden. Wer genug Selbstbewusstsein und Selbstwertgefühl hat, der hält auch die Beschimpfungen anderer aus, weil er sie nicht auf sich bezieht (= Ich ziehe mir den Schuh nicht an), sondern weil er sie als Ausdruck der Gefühle und Probleme *des anderen* »entschlüsselt«.

Vielleicht haben Sie folgende Erfahrungen auch gemacht, z. B. im Straßenverkehr. Sie haben sich falsch verhalten und bekommen den Stinkefinger. Der Verärgerte ist außer sich. Häufig mache ich mit den Händen eine Entschuldigungsgeste oder, wenn möglich, entschuldige mich verbal. In den meisten Fällen beruhigt sich mein aufgebrachtes Gegenüber. Ich habe nicht zurückgeschossen!

Zur Stufe I: Ich höre affektive Äußerungen nur noch *akustisch*, weil ich nicht das bin, als was ich bezeichnet werde. Dies zu können, braucht viel Übung.

Ergänzung: Stalking

Stalking ist die wiederholte und beabsichtigte Belästigung, Verfolgung und Bedrohung von Menschen. Es ist strafbar und kann im schlimmsten Fall in sexuelle Gewalt ausarten und sich über Monate und Jahre erstrecken.

Verhaltensweisen
– Distanz und keine schriftlichen, verbalen, nonverbalen und persönlichen Kontakte
– Fernhalten und Distanz als die beiden wichtigsten Gebote
– sich auf keinen Fall auf Begegnungen einlassen
– Schutz und Hilfe durch Polizei und andere Personen und Institutionen
– NOTfalls Selbsthilfe durch die beiden oben genannten Maßnahmen
– falls NOTwendig: wegrennen, sich verstecken und schreien

Stalker sind in ihrem Selbstwertgefühl zutiefst verletzt fühlen sich allein gelassen und verlassen und sehen ihre Bezugspersonen (weibliche wie männliche) als Besitz. Gegebenenfalls sind polizeiliche Interventionen sowie therapeutische Maßnahmen notwendig, auch wenn sie u. U. oft schwierig sind, weil die Zustimmung der Belästigten erforderlich ist.

Lat. solidus = echt, ist der Ausdruck von Gemeinschaftsgefühl, Verbundenheit und Zusammengehörigkeit.

Im Kontext von körperlicher und seelischer Gewalt, von Emanzipation und Gleichberechtigung und im Blick auf alle gewaltfreien männlichen Menschen sehe ich die Solidarität als Band des Verbundenseins. Es drückt Stärke aus, die Fähigkeit, Widerstand zu leisten, Zugehörigkeit und Miteinander, den Mut, Risiken einzugehen, Wege zu gehen, weil sie andere mitgehen, in der Gruppe geborgen sein.

Die Emanzipation (= Befreiung aus der Abhängigkeit) ist für ALLE diejenigen, die abhängig gehalten und unterdrückt werden (historisch bisher die weiblichen Menschen seit Jahrtausenden), ein Hoffnungsschimmer. Es braucht keine Extraemanzipation für Frauen, wenn und weil sich Männer gewaltfrei verhalten, sie in ihrem Sein lassen und gleichberechtigt zusammenleben.

Unter folgenden Prämissen

Verschiedenheit statt Gleichheit	Verbundenheit statt gebunden sein
Freisein statt Gefangensein	Kooperation statt Isolation
Autonomie statt Vereinnahmung	Freunde statt Feinde
Beschreibung statt Bewertung	Aufwertung statt Abwertung
Partner statt Gegner	Menschlichkeit statt Unmenschlichkeit
Unabhängigkeit statt Abhängigkeit	Offenheit statt Verschlossenheit

Deshalb auch in der Öffentlichkeit für Gewaltfreiheit, Individualität und Gleichberechtigung demonstrieren, mit dem Ziel, beide Geschlechter wertschätzend zu akzeptieren.

5. Klerikale Sexualität

Die schier nicht denkbaren und kaum für möglich gehaltenen sexuellen Verfehlungen und Gewalttaten, die hauptsächlich von Klerikern (männlichen wie weiblichen) der katholischen Kirche (Priester, Mönche, Nonnen) sowie der evangelischen Kirche, in Sportverbänden, Jugendgruppen, sozialen Einrichtungen und privaten Schulen (zum Beispiel Odenwaldschule) begangen wurden und die Verheimlichungen durch vorgesetzte Würdenträger, bis hin zu den Kardinälen und anderen *weltlichen* Verantwortlichen, kann man, wenn überhaupt, nur verstehen, wenn man, hier als Beispiel, das *System Kirche* genauer beleuchtet.

Ich kann das, weil meine Lebensgeschichte klerikale Phasen enthält:

Geboren in einem durch und durch katholisch geprägten Ort, katholisch erzogen, lange Zeit als Messdiener agiert, sieben Jahre in einem katholischen Knabenseminar (für Jungen, die Priester werden wollen) verbracht, nach dem Abitur Philosophie und katholische Theologie studiert, Abschluss Diplom, keine Priesterweihe, dann Abkehr und Fortsetzung der Studien in Pädagogik und Psychologie.

Ich beginne mit Gott, weil der Allmächtige DIE Autorität für alle Kleriker und schlechthin ihr Leitbild für *Macht* ist. Es folgt das Thema Kirche als System, das sich absolut der Macht mit dem Stellvertreter Christi/Gottes auf Erden, dem Papst, verschrieben hat. Im Anschluss daran gehe ich auf die klerikale Berufung und die Macht der klerikalen Personen, nämlich Priester, Mönche, Nonnen ein. Aus dieser Perspektive können deren sexuelle Gewalt und Vergewaltigungen ermessen und beurteilt werden, mit dem Hauptmotiv MACHT. Ich ende mit dem Blick auf klerikales Verhalten, das sich in der Realität sowohl lieblos als auch liebevoll zeigt.

Gott

Für ein Kind, das in einem katholischen Milieu aufwächst, sind die ersten religiösen Erfahrungen das Tischgebet, das Nachtgebet, das Jesulein, die Kirche, in die man, mindestens, jeden Sonn- und Feiertag geht, und der Priester am Altar und im Beichtstuhl. Und dann, kaum zu *glauben*, taucht immer wieder der Name GOTT auf. Man nennt ihn den *lieben* Gott und lernt, dass er allmächtig ist, alles weiß, alles sieht, alles hört und denkt: Wohl ein Wundermann, den man aber nicht sieht.

Später, im Religionsunterricht, erfährt man mehr, und Gott wird nun durch die Erzählungen zum Unvorstellbaren. Aber man *glaubt*, dass es ihn gibt. Darüber kann man in einem Buch lesen, das man Bibel nennt. Mehr aber in einem Buch, mit dem Titel Katechismus, aus dem man viel auswendig lernen muss, z. B.: »Wir sollen Gott lieben aus unserem ganzen Herzen.« Mama und Papa liebe ich aber mehr. Und dann noch, dass man Gott immer gehorchen muss.

Hier werden bereits die Wurzeln sichtbar, wie Gott in den Kindern über die religiöse Erziehung manifestiert wird. Und es geht weiter:

*Gottes*dienste, *Gottes*lob als Gebetbuch; wenn ein Mensch stirbt: *Gott* hat's gegeben, *Gott* hat's genommen; an *Gott* »muss« man halt glauben; man spricht vom Herr*gott*; von »unserem Herrgott dort oben«. (Im Weltall gibt es kein oben und unten); 30 % der Menschen in der BRD glauben an »einen Gott«; die Vorstellungen von ihm sind fast ebenso viele.

Historisches

Vor »unendlich« vielen Jahren haben die Menschen den Naturerfahrungen, die sie nicht deuten konnten, Namen mit jeweils dem Vornamen »Gott« gegeben. Der Gott des Meeres, der Sonne, des Sturmes … Wesentlich später gab es ein Volk, die Hebräer, die sich gegen andere Götter abgegrenzt und nur noch einen Gott hatten (»Du sollst keine fremden Götter neben mir haben«), der aber, so ihr Ansinnen, stärker war als alle anderen und vor allem mächtiger. Seine *Macht* war für sie lebenswichtig, um aus der (babylonischen) Gefangenschaft zu kommen mit der Sehnsucht nach dem Messias. Später kamen Theologen auf die Idee, diesen Gott dreifach zu sehen als Gott Vater, Gott Sohn und Gott Heiliger Geist.

Viele Menschen glauben heute an Gott, vor allem, weil sie einen Beantworter ihrer unbeantwortbaren Fragen brauchen: Wer hat die Welt erschaffen, woher komme ich? Und als Lebenshilfe lautet ihr Satz: Der da oben wird's schon richten.

Viele haben immer noch ihren Kinderglauben und sehen nicht, dass all die Texte in Büchern, auch in der Bibel, schlichtweg Erzählungen über Jahrtausende hinweg sind, die sich tradierten und die damit permanent Veränderungen unterzogen sind. Subjektiv erzählt, objektiv geglaubt, ohne zu bedenken, dass alles, was erzählt und geschrieben worden ist, von *Menschen* stammt. »Gott, ein Geschöpf des Menschen« habe ich deshalb eines meiner Bücher tituliert.

Bemerkenswert: Wenn alle Texte über Gott besonders seine Macht betonen, obwohl sie ständig vom »lieben Gott« sprechen, dann sagt das sehr viel über die Schreibenden aus. Und aus dem »lieben Gott« wird rasch ein Gott, den man als Übergott benützt. In seinem Namen geschehen Verfolgungen, Kriege, moralische Gepflogenheiten und privat Drohungen, Strafen, Erpressungen, menschliche Verfehlungen. Im Namen Gottes, des Vaters, werden sie legitimiert.

Bereits hier finden sich Bemerkungen in der Bibel zur Sexualität (= Geschlechtlichkeit des Menschen) und Aussagen über Gottes Handeln: Er erschuf den Menschen, Eva entnahm er aus einer Rippe Adams, und beide verwies er aus dem Paradies. Später schreibt der Apostel Paulus im Brief an die Epheser: »Die Frau sei dem Manne untertan.«

Mir geht es darum, die Gründe und Hintergründe der Macht und der Gewalt in der Kirche zu beschreiben. Jesus von Nazareth, der Rabbiner, hat keine Kirche gegründet, auch wenn dies immer noch hartnäckig von Kirchenoberen behauptet wird. Gründer war Paulus, der Jesus nie kennengelernt hat, aber durch seine Briefe an Urgemeinden deutlich zu verstehen gab, wie wichtig und theologisch bedeutsam es war, dass sich die einzelnen Gemeinden zusammenschlossen. So bildete sich das Christentum, das viele Phasen durchlebt hat, von Akzeptanz bis zu Verfolgungen im Widerstreit mit anderen Religionen. Im Jahre 380 unserer Zeitrechnung wurde durch Konstantin den Großen das Christentum zur Staatsreligion erklärt und später ein Kirchenstaat, bleibend bis heute.

Mich interessieren hier nicht die theologischen Inhalte, sondern die Strukturen der Institution, in denen Macht, Prunk und Sexualmoral eine große Rolle spielen. Deutlich durch folgende Informationen:

- Die katholische Kirche ist keine Demokratie. Sie ist Diktatur, sagen die Kirchenoberen, und sie sind die Diktatoren (meinen andere).
- Oberhaupt ist der Bischof von Rom, Papst genannt.
- Ihm untersteht das Kardinalskollegium, mit Sitz in Rom.
- Im ersten Vatikanischen Konzil (1869/1870) wurde die Unfehlbarkeit des Papstes proklamiert.
- Die Kirche ist zentral gesteuert. Alle wesentlichen Entscheidungen (theologisch, kirchenrechtlich, personell) werden nicht in den Diözesen, sondern im Vatikan entschieden.
- Die Kirche ist Hüterin des Glaubens und bestimmt, was gelehrt werden darf.
- Die Kirchengeschichte ist voll von Fällen, die zeigen, wie mit Abweichlern, Widerständlern und Häretikern umgegangen worden ist, z. B. mit Galileo Galilei, der von seinem Irrtum auf Druck der Kirche abschwor.
- Glaubenskriege, Verurteilungen, Hinrichtungen waren probate Mittel, die Glaubensfeinde zum Schweigen zu bringen.

– Das Lehramt der Kirche ist höchste Instanz für die Wahrheit des
  Glaubens.
– Theologen wurden/werden nur akzeptiert, wenn sie im Sinne der Kir-
  che lehren. (Beispiel: Hans Küng und Eugen Drewermann wurden
  ihre Lehrämter entzogen.)
– Was theologische Wissenschaft ist, bestimmten der Papst und das
  Lehramt, ebenso, was theologisch richtig und falsch ist.
– Die Kirche hat im 11. Jahrhundert das Zölibat eingeführt.
– Bei der Priesterweihe geloben die Weihekandidaten u. a. Gehorsam,
  gezeigt durch den Ritus, sich vor dem Bischof niederzulegen.

Einmischung der Kirche in die Sexualität der Menschen durch ihre Sexual-
moral:
– Die Ehe ist, weil Sakrament, unauflöslich. Wiederverheiratete leben
  in Sünde.
– Personen, die sich standesamtlich wiederverheiraten wollen, werden
  aus kirchlichen Einrichtungen entlassen.
– Onanie ist unkeusch und Sünde.
– Geschlechtsverkehr ist nur in der Ehe erlaubt.
– Geschlechtsverkehr ist für die Frau eheliche Pflicht.
– Geschlechtsverkehr ist nur in der Absicht erlaubt, Kinder zu zeugen.
– Unkeuschheit in Worten und Werken ist Sünde.

Und sie legitimieren ihre Einmischungen, indem sie sich auf Passagen
in der Bibel berufen und diese wiederum als das Wort Gottes inter-
pretieren.

Prunkvolle:
– Aus den Kardinälen und Bischöfen wurden Kurfürsten.
– Bei feierlichen Gottesdiensten zogen die Zelebranten wie Könige
  durch das Kirchenschiff.
– Die Gewänder waren mit Pomp ausgestattet, u. a. mit der Farbe Purpur-
  rot, eine Farbe, deren Herstellung mit hohen Kosten verbunden war.

– Bekannt wurde der Bischof von Limburg, Franz-Peter Tebartz-van Elst, wegen seines ebenfalls mit enormen Kosten verbundenen gebauten Bischofssitzes, und er wurde prompt »Protz-Bischof« genannt.

Persönliches

Als Theologiestudent durfte ich bisweilen auch, mit zwei ordinierten Priestern, am Altargeschehen mitwirken, einige Mal in bombastischen Barockgewändern. Diese Zeremonien hatten für mich ein jähes Ende, als ich die Predigt eines Pfarrers hörte, der über Armut sprach. Ich war entsetzt über den Widerspruch und die Scheinheiligkeit und entschloss mich noch während des Gottesdienstes, von dieser Art des Feierns Abschied zu nehmen. Am Altar ward ich nie wieder gesehen, und mein Wunsch, Priester zu werden, endete mit Erleichterung.

Der Papst, die Kardinäle, die Bischöfe und Priester üben als Wächter der kirchlichen Lehre und des moralischen Lebens anderer, je auf verschiedene Weise, Macht aus, Zwang bei Übertretungen und Gewalt bei Häresien.

Die Bedeutsamkeit, die Handlungen kirchlicher Sexualtäter zu verschweigen, zu bagatellisieren und sie im Amt zu behalten, besteht darin, dass die KIRCHE über allem steht; dass die Reinheit (!) zu bewahren ist, dass kein Schatten auf sie fällt und dass, vor allem, die Gläubigen nicht irritiert werden und treu im Glauben zur Kirche stehen.

Der Schuss ging nach hinten los.

Mein Leserbrief, RNZ, vom 27.02.2010

»Verschleiern und Vertuschen gehört seit Jahrhunderten zur Praxis der katholischen Kirche: historische Fakten, Verhalten in der NS-Zeit, Zölibatsübertretungen, Vaterschaften bis hin zu Missbrauchshandlungen. Dahinter steht das Prinzip: Um die Gläubigen nicht zu verunsichern, um ihren Glaubensweg nicht zu gefährden, müssen Verfehlungsverhalten und Vergehen des Klerus verborgen bleiben. Das Gut des Glaubens hat einen höheren Wert als die Wahrheit.«

Empörung machte sich im gesamten Kirchenvolk über die Doppelmoral, über die Behinderungen im Klärungsprozess, über die Rechtfertigungshaltung und über die Unfähigkeit zur Reue breit.

Ich vergesse in keiner Weise die integren, seriösen, glaubenstreuen Menschen in der Kirche. Die seit Jahren auf Missstände hinweisen, Veränderungen wollen und unter den Missständen zu leiden haben. Bewundernswert sind ihr soziales Engagement, ihre aufopfernden Tätigkeiten in den Gemeinden, ihre Beharrlichkeit, den Oberen entgegenzutreten, ihre christlichen und menschenfreundlichen Werte.

Jesus würde über die Mächtigen in der Institution Kirche fassungslos sein, in der die Gesetze gegenüber der Liebe zu den Menschen Priorität haben. O-Ton eines Kardinals: »Müsste ich wählen zwischen den Ansprüchen Gottes und den Bedürfnissen der Menschen, ich würde ohne zu zögern Gott wählen. Was ist schon der Mensch gegenüber Gott!«

O-Ton R. M.: »Wenn der Kardinal wüsste, dass Gott eine der größten Fantasien und Konstrukte der Menschen ist, dann würde er sich, ohne zu zögern, den Menschen widmen.«

Klerikale Berufung

Vorbemerkung

In diesem Abschnitt beschreibe ich den Weg von Menschen, den sie von der Kindheit bis zur Berufung in Amt und Würden in der Kirche gingen. Ich beziehe mich auf den Zeitraum in der zweiten Hälfte des vorigen Jahrhunderts in der BRD, in dem, laut Recherchen, die meisten sexuellen Vergehen geschahen.

Diese gab es früher auch, sie wurden aber tabuisiert. Nun kommen sie via Medien und Outing der Betroffenen ans Licht. Es war die Zeit, in der die Kirche noch Volkskirche war und Jahr um Jahr eine Vielzahl von Männern zum Priester geweiht wurde, im Vergleich dazu sind es heute etwa nur noch ein Zehntel: 2021 in 27 Diözesen insgesamt 57 Priester.

Ich selbst fungiere hier als Korrespondent, war ich doch selbst über drei Jahrzehnte kirchlicher Insider – und artikuliere für viele Betroffene.

Der Weg beginnt in katholischen Familien, mehr auf dem Land als in der Stadt, durch die religiösen Vorbilder, durch Erziehung und frommes Handeln in der Umwelt. So entstand der Wunsch in manchen Kindern, Priester zu werden.

Ich bekam z. B. zu Weihnachten einen kleinen Altar geschenkt und spielte mit meinen Freunden oft »Messe halten«. Mein Vater sagte, Jesus sei mein bester Freund, und auf dem Poster in meinem Zimmer stand: »Jesus und ich, unschlagbar!« Dass es auch Evangelische gibt, erfuhr ich erst mit 11 oder 12 Jahren!

Der Religionsunterricht trug seinen Teil dazu bei, weil die Erzählungen über Jesus so spannend für uns waren, dass für meine Eltern feststand: Der Bub geht aufs Gymnasium und in ein Knabenseminar oder, für andere Gleichgesinnte, in eine Klosterschule mit Internat. Parallel dazu gab es auch Schulen für Mädchen, die später ins Kloster gehen wollten, vorbildhaft Nonnen als Erzieherinnen und Lehrerinnen und beispielgebend durch ihre Frömmigkeit.

Neun Jahre dauerte dieses Leben der jungen Menschen hinter den Mauern der geistlich geführten Internate, strengen Klosterschulen, privaten Gymnasien und getrennt nach Geschlechtern.

Selbsterfahrung: Ich lernte in den Ferien ein Mädchen kennen, und es entstand eine lockere Brieffreundschaft. Nach den Ferien schrieb ich meinem Ferienschwarm einige Mal und wartete vergeblich auf Antwort. Bis ich Jahre später von meiner Schwester erfuhr, dass der Internatsleiter, in Absprache mit meinen Eltern, alle Briefe gelesen hatte und sie mir vorenthielt. »Es geht doch nicht an, dass der Bub einem Mädchen schreibt.« Das war ein entsetzlicher Vertrauensbruch seitens meiner Eltern und dem Seminarleiter.

Der Tag war streng getaktet, Stunde für Stunde von früh bis spät. Die Erziehung absolut autoritär und Strafen ohne Ende: Schläge auf alle

Körperstellen, Ohrfeigen, an den Haaren gezogen werden, im Schlafsaal (40 Jungen) halbnackt vor dem Bett kniend, Arreste bekommen und im Hof an der Mauer stehen müssen, von allen, die wollten, ausgelacht und angespuckt werden.

Pubertät gab es keine, weil alle physischen und psychischen Sonderheiten abgewürgt wurden: brav sein, still sein, Schweigezeiten einhalten, keine Radios. Masturbation war Sünde, Tanzkurs unmöglich, Schrankkontrollen zweimal in der Woche.

So verhielt es sich auch in den Internats- und Klosterschulen der meisten Diözesen mit bedeutsamen religiösen und moralischen Vorgaben und Verhaltensweisen der Erziehenden und Lehrenden: Glauben, der überwacht wurde; Strenge, die für Sittsamkeit sorgte; religiöses Leben, das gottesfürchtig war; die regelmäßige Beichte, die von Sünden befreite; Körperfeindlichkeit, um die Unkeuschheit zu bewahren; Gehorsam, damit es keine Ausschreitungen gab; Verbote, um der Sexualität Grenzen zu setzen.

Deutlich sichtbar wurde die Doppelmoral: in der Heiligen Messe am Morgen, jeden Tag, fromme Gebete, Kommunionsempfang, Predigten mit Zeigefinger. Während des Tages menschenverachtende Zucht, Mobbing und Erniedrigungen, bei Übertretungen vorgeführt werden im Plenum, vor 120 Jungen, Züchtigung mit Hinweis auf Gottesfürchtigkeit, über die Liebe predigen und lieblos handeln, von Priestern erzogen werden und sie angstvoll meiden …

Nach dem Abitur führte ich die klerikale Ausbildung in Form von philosophischen und theologischen Studien weiter. Sechs Jahre lebte ich im Alumnat, dem Wohnheim für Theologiestudenten, bis zur Priesterweihe, und auch hier wiederum nur »Männersache«!

Nicht für mich aufgrund folgender Erfahrung: Alle Professoren in der theologischen Fakultät waren Priester und damit der katholischen Kirche unterstellt und ihr verpflichtet. Die wissenschaftlichen Ergebnisse mussten mit den Lehren der Kirche übereinstimmen.

Nach einer Vorlesung sah ich einen meiner Professoren im Gang stehen, sichtlich beklommen. Ich getraute mich, ihn zu fragen, wie es ihm ginge.

Völlig überraschend war seine Antwort: »Wenn Sie wüssten, was ich noch alles in der Schreibtischschublade habe, aber nicht sagen und nicht veröffentlichen darf …« Ich führte noch ein langes Gespräch mit ihm und wenigen anderen und ging erschüttert und nachdenklich in mein Theologenzimmer zurück.

Es ging manchen Theologen so (beispielsweise Hans Küng und Eugen Drewermann). Viele jedoch schwiegen, folgten den Vorschriften und Dogmen der Kirche und wanden sich kirchentreu und glaubensbrav in ihren Publikationen so lange, bis aus Rom das Placet kam.

Diese Art von Wissenschaftsverständnis konnte ich nicht mehr akzeptieren. Ich machte rasch mein Diplom und verschwand nach Tübingen in die Welt der Pädagogik und Psychologie.

Die meisten der katholischen Kollegen ließen sich zu Priestern weihen, ebenso junge Männer, die sich für das Klosterleben entschieden. Frauen legten ihr Ordensgelübde ab, fanden in Lehr- oder Sozialberufen ihre Berufung oder im Kloster selbst Lebenserfüllung.

Was sie, in meiner Wahrnehmung und durch Publikationen, Informationen und persönlichen Äußerungen, gemeinsam hatten, wie viele andere Priester, Mönche und Nonnen, war ihr Gehorsam der Kirche gegenüber. Sie verleugneten ihr Selbst (!), ein Charakterzug, der sich später bei manchen noch bitter rächen sollte, in ihrer persönlichen Sexualität, in ihren Gewalttaten und sexuellen Übergriffen.

Erlebnis: Viele Jahre später, als ich bereits bekannter Autor und Kommunikationsexperte war, klingelt es an meiner Haustür. Ich öffne und erkenne einen Kollegen von früher. Im Gespräch stellt sich heraus: Er ist Pfarrer in einer Gemeinde. Er könne nicht mehr an Gott und seine Kirche glauben. Er müsse von seinem Amt zurücktreten und sei ganz verzweifelt. Seinem Bischof gegenüber habe er das erklärt und bekam zur Antwort: »Sie bleiben im Amt, behalten alles für sich und machen weiter wie bisher. Ihr Unglaube bleibt Geheimnis. Wir können doch unsere Gläubigen nicht verwirren.«

Das Gleiche Jahre später: die Vertuschung sexueller Übergriffe und Gewalttaten.

Priester, Mönche und Nonnen

Betrachten wir die Art und Weise der Berufungswege und die einzelnen Phasen und rigorosen Verhaltensweisen der kirchlich begleitenden Personen, der geweihten Priester, der Mönche und Nonnen, der im Dienst stehenden Erziehenden und Lehrenden, so werden die Folgen im Leben der altersmäßig erwachsenen Personen sichtbar, die, mit oder ohne Weihe und Gelöbnis, sich der Kirche verpflichtet haben.

Die religiösen Einflüsse im Elternhaus: Das Elternhaus war häufig von gut gemeinten Ratschlägen, Übertragungen und Indoktrinationen geprägt. Gott war völlig unhinterfragt, der Glauben selbstverständlich, Ungläubige wurden bedauert. Der Himmel wurde ersehnt, das Fegefeuer kaum erwähnt und vor der Hölle wurde dringend gewarnt oder sie wurde als erzieherische Drohung verwendet. Der Satz »Wir sind katholisch« war eine Auszeichnung, etwas ganz Besonderes, ohne Dünkel in meiner Familie, den ich allerdings später bei anderen als Überheblichkeit entdeckte. Klerikale sprachen dann von den "armen Anderen" oder sogar verächtlich von den Abtrünnigen. Fehlender Respekt, der sich später zur Missachtung und zum Missbrauch ausbreitete.

Die Erziehung in den Internaten: In meiner Theologenzeit kam ich in Kursen und auf Tagungen mit vielen anderen »Internatlern« zusammen, und fast alle klagten über die autoritären Strukturen und brutalen erzieherischen Maßnahmen. Erfreuliches gab es kaum. Gott war in der Erziehung die Vertikale. Zu ihm schaute man auf und rechtfertigte sämtliche Züchtigungen. Die andere Seite der Vertikalen, nämlich das autoritäre Verhalten den Zöglingen gegenüber, wurde von oben nach unten weitergegeben. Bereits hier wieder weisen Spuren auf den Missbrauch in späteren Zeiten hin.

Die Gewalterfahrungen: Weil Gewalterfahrungen so schlimm waren, wurden sie in Erinnerung behalten, als Verletzungen und Narben. (Gelernt ist gelernt.) und später, in Amt und Würden, routiniert und, bewusst oder unbewusst, als nachgeholte Rache angewandt, soziales Leben und Teamarbeit ausgeklammert.

Das geschlechtergetrennte Schulleben: Das Schulleben, Jungen von Mädchen getrennt, bekam Bedeutung: zum einen, weil zwischenmenschliche Begegnungen in die Nähe von sexuellen Beziehungen gebracht wurden und man die werdenden Priester davon abhalten musste. Zum anderen, ebenso, weil gelebte Sexualität für die, die eventuell heiraten wollten, erst innerhalb der Ehe erlaubt war. Und dadurch ergab sich die Verhinderung einer ganz wesentlichen menschlichen Entwicklung, die später auf missbräuchliche Weise nachgeholt wurde.

Die Körperfeindlichkeit: Sie ist eine Folge der sexuellen Prüderie und damit Erzeugung einer Unnatürlichkeit und einer Überhöhung geistigen sowie geistlichen Lebens. Sie drückte sich auch in Weltfremdheit aus, die sich später in Predigten bemerkbar machte und im Umgang mit Menschen defizitär war. O-Ton eines abtrünnigen Pfarrers: »Was sollten wir als Alltagsunerfahrene erfahrenen Menschen, besonders Frauen, im Beichtstuhl sagen können?«

Die Beziehungsunfähigkeit: Der Dialog in den Internaten war spärlich, die Indoktrinationen und Strafen hingegen reichhaltig und die Studien lehrhaltig und buchorientiert. Man blieb allein in den Studiersälen und in den Studierzimmern. Diskussionen über Lehrinhalte gab es zuhauf. Die zwischenmenschlichen Gespräche waren selten, ebenso Begegnungen in Kleingruppen. Wer gravierende Probleme hatte, fand Trost in den Gebeten zu Gott. Wieder O-Ton eines Pfarrers: »Ich brauche keine Menschen, ich habe meinen Gott.«

Die Verhinderung der persönlichen Entwicklung: Die Ursache liegt in der religiösen Erziehung, in den rigiden Verboten in den Internaten und in den Lehrverkündigungen und Dogmen der Kirche. Wesentliche Mängel zeigen sich dann später entweder in persönlichen Minderwertigkeitsgefühlen, durch Machtausübung, Gewalttätigkeiten und/oder sexuelle Übergriffen.

Die Auswirkungen des Zölibats: Er gilt für alle geweihten Priester, unabhängig in welcher Funktion sie tätig sind, ebenso für Nonnen, die ein Gelöbnis abgegeben haben. Die pseudotheologische Begründung: »Wer Gott von Herzen liebt, kann dies nicht Menschen gegenüber.« (Frauen wie Männer!) Ich zitiere, nach eigenen Aussagen, viele Pfarrer: Es fehlen das Dasein, der Austausch, die Gespräche, die Unmittelbarkeit, die Gemeinsamkeiten, das Teilen, die Nähe und Innigkeit, die Berührungen in Freud und Leid, die Geborgenheit, die sexuelle Kommunikation, die Kinder, die Begleitung, der Trost. Und später dann: das Nachholen der Versäumnisse in zwei Richtungen, menschenfreundlich und menschenverachtend.

Das Prinzip Gehorsam: Gehorsam als Prinzip ist ein probates Mittel, um demokratische Strukturen zu verhindern, um die klerikale Diktatur zu untermauern (um Gottes- und des Glaubens willen). Was Glauben ist, bestimmt die Kirche, mit Bezug auf Gottesgebote und die Bibel. Emanzipation, Gleichberechtigung und Mitsprache sind obsolet, Macht dominiert und Menschen werden gefügig gemacht. Ein leichtes Spiel der Mächtigen. Wer sich widersetzt, wird diskriminiert oder exkommuniziert.

Die Doppelmoral: Sie ist überall da anzutreffen, wenn A gesagt und B realisiert wird, besonders wenn statt der gepredigten und glorifizierten Liebe Abhängigkeit, Dialogverweigerung, kirchliche Verbote und unerbittliche Strafen vorherrschen.

Die Gottesfürchtigkeit und Selbsterniedrigung: Der Begriff Gottes*fürchtigkeit* ist allen Gläubigen bekannt und vertraut, weil der, der Furcht empfindet, auch gehorsam reagiert, besonders Gott gegenüber, dem Allmächtigen. Demut ist die geforderte Verhaltensweise, Selbsterniedrigung die gelebte, ausgelebt im Gegenteil durch Erniedrigung anderer.

Fazit: Es sieht nicht gut aus für die Oberen: den Papst, die Kardinäle und Bischöfe und die oft erzwungenermaßen gehorsamen Untergebenen, die Priester, Mönche und Nonnen, die im alten Verhalten geblieben sind und die sich religiös und sozial nicht verändert haben.

Klerikales Verhalten

Die Kirche ist keine Volkskirche mehr. Die Austritte aus der Gemeinschaft nehmen horrend zu. Die einzelnen Gemeinden schrumpfen, darüber hinaus gibt es einen Priestermangel, der bewirkt, dass die notwendigen Aufgaben der Kirchen vor Ort kaum zu bewältigen sind.

Es geht ein Riss durch die Institution und das System Kirche:

Auf der einen Seite: Die Empörung und das Entsetzen über die Freveltaten der Gewalttätigen, über Jahrzehnte hinweg, die nun immer mehr an die Öffentlichkeit geraten. Dazu die Verschleierungen, Verheimlichungen, Beschwichtigungstendenzen der Obrigkeiten, vom Papst über die Kardinäle bis hin zu den Bischöfen, die im Nachhinein Bedauern formulieren, Stück für Stück, Wiedergutmachungen bis jetzt verzögern und von gezeigter Reue meilenweit entfernt sind.

In allen Generationen und Bevölkerungsschichten sind Misstrauen und Zweifel an der Wahrhaftigkeit der Kleriker zu spüren. Und es gibt große Bedenken darüber, ob die katholische Kirche Zukunft hat.

Dass sie so vehement ihre Traditionen verteidigt, liegt daran, dass für sie das Priesteramt in ununterbrochener Sukzession bis auf Petrus zurückgeht. Bei der Priesterweihe wird dies durch Handauflegung ritualisiert. Generell würde der Traditionsverlust für die Kirche das Aus bedeuten.

Immer mehr Menschen werden religiös mündig. Sie übernehmen nicht mehr die rhetorischen Floskeln, die weltfremden Lehrmeinungen und die Einmischung der Kirche in ihr Privatleben.

Ich selbst habe in einer Kirche, die sich diktatorisch, sozial unverträglich und moralisch doppelbödig gibt, keinen Platz.

Auf der anderen Seite: Ich plädiere für das Ende der Institution Kirche, halte sie als Glaubenswächter für überflüssig und traue allen Gläubigen und religiös Interessierten Mündigkeit und Selbstentscheidungen zu.

Gelebter Glauben und Menschlichkeit werden dann in den einzelnen Gemeinden stattfinden, ohne Regelung und Überwachung durch die Klerikalen. Aus Priestern werden dann theologisch ausgebildete und gewählte Laien, Frauen und Männer und die Gemeinden sind, im Verbund mit anderen, in organisatorischer und finanzieller Selbstverwaltung, wie in profanen Gemeinden auch, autonom.

Kirchliche Dienstleistungen, wie Taufen, Hochzeiten und Beerdigungen, sind kaum mehr aus persönlichen Glaubensgründen erwünscht, sondern der Festlichkeiten wegen. Diese übernehmen zunehmend Laieninstitutionen.

Es ist verständlich, dass die Kirchen Mitgliederschwund befürchten, wobei die katholische Kirche zusätzlich die sexuellen Verfehlungen eines Teils ihrer Kleriker institutionell verkraften muss.

Glaubwürdig wäre die Kirche auch, wenn sie die Trennung vom Staat vollziehen würde, inzwischen wirklich angemessen bei sieben bis zehn Prozent Gottesdienstbesucher durchschnittlich. Deshalb haben auch kirchliche Feiertage keinen Platz im profanen Jahreskalender: Heilige Dreikönige, Karfreitag, Ostermontag, Himmelfahrt, Fronleichnam, Pfingstmontag, Allerheiligen, zweiter Weihnachtsfeiertag. (Ich höre schon den Aufschrei vieler: Jetzt werden uns auch noch acht *Urlaubstage* gestrichen!)

Utopia: Ich brauche keinen Papst, keine Kurienkardinäle in Rom, auch keine Bischöfe, Priester, Pfarrer, Mönche und Nonnen, keine Taufe, die darf jeder Christ vollziehen, ebenso die Trauung, die sich die Eheleute durch ihr Ja-Wort selbst geben; Erstkommunion findet dann statt, wenn die Menschen sie selbst wollen; Firmung und Konfirmation werden in den Gottesdiensten vollzogen und diese wiederum leiten ausgewählte Person in den einzelnen Gemeinden, die der eigentliche Ort für die Glaubenden sind.

Und damit erledigt sich klerikales Verhalten von selbst.

»WIR sind Kirche«, lautet schon seit Langem die Devise mündiger Christen, zu Recht. Wir brauchen sie alle, denn sie sind ohne Scheinheiligkeit, Doppelbödigkeit, Überheblich- und Übergriffigkeit; Menschen, die ihre Fehler eingestehen, sie auch bedauern und für Wiedergutmachung sorgen. Das macht sie besonders liebenswert, und sie haben unsere volle Unterstützung. Und was uns verbindet, sind der Glauben und die Liebe.

Teil 4: Sexualität am Lebensabend

Der Lebensabend von Menschen wird sehr unterschiedlich erlebt: allein und einsam, zu zweit in Partnerschaft, in der eigenen Familie, im Freundeskreis – und generell im Horizont des Lebensendes durch Älter- und Altwerden.

1. Wahrnehmungen

Das Älterwerden beginnt dann, wenn man merkt: Es geht manches schwerer als früher, ist ungewohnter und die Wege zur Ärztin, zum Arzt nehmen zu, ggf. auch Krankenhausaufenthalte und die Einnahme von Medikamenten. Die Verführung, statt Treppen zu steigen den Aufzug zu benutzen, ist groß. Die Geburtstagszahlen erhöhen sich kontinuierlich: 70, 75, 80, 85, 90. Und ganz besonders: »Eigentlich« merkst du gar nicht, dass du älter wirst, höchstens, wenn du zurückschaust.

Älter und alt werden

Das Alter wird meist als Aufgabe, als Beschwernis, als Hindernis, als Behinderung erlebt. Und die Orte, an denen man sich befindet, können die eigene Wohnung, das Haus sein, dort selbstständig oder mit Hilfe anderer. Das Krankenhaus, das betreute Wohnen, das Senioren- oder Pflegeheim, je nach körperlichem und seelischem Befinden werden sie wechselhaft oder bleibend zur Heimat.

Ist Ihnen schon aufgefallen, dass im deutschen Sprachgebrauch »älter sein« jünger ist als »alt sein«, obwohl es semantisch umgekehrt sein sollte?

Wie alt Sie sich empfinden, hängt von Ihnen ab. Es gibt keine Norm. Vermutlich fühlen Sie sich an einem Tag alt, am anderen etwas älter, manchmal vielleicht sogar jung.

Wann für Sie der Lebensabend beginnt, entscheiden Sie: Auf ein bestimmtes Alter bezogen, auf die Zunahme oder Häufigkeit von Krankheiten, auf das Glück, ihn relativ unbeschwert zu genießen, mit angenehmen oder unangenehmen Erinnerungen an frühere Zeiten, nach Abschluss der beruflichen Tätigkeit. Wenn Sie weniger von Ihren Kindern als von Ihren Enkeln sprechen, die Zukunft nicht das Hauptthema ist, sondern die Frage, wie viele Jährchen Sie noch zu leben haben. Wenn Sie (freiwillig!) den Führerschein ab- und die Bahnkarte zurückgeben, das Reisebüro nicht mehr so oft von Ihnen frequentiert wird und wenn Sie vielleicht dankbar sind, den Lebensabend zu zweit verbringen zu dürfen.

Abende haben auch ihre eigenen Farben durch die Abendsonne, auch im Bewusstsein, dass die Abenddämmerung und der Sonnenuntergang kommen werden.

Abschiede und Gaben am Lebensabend

Am Lebens*abend* blicken Sie vermutlich auch auf alle Ihre vielfältigen Beziehungen, Erlebnisse und Erfahrungen mit Menschen zurück, an die Sie sich in Ihrer gesamten Lebensgeschichte, von klein auf bis ins Heute, erinnern: Verliebtsein und Liebe, Glück und Hoffnungen, Höhen und Tiefen, Enttäuschungen und Trennungen, Genugtuung und Zufriedenheit bis hin zur Dankbarkeit über das jetzige Zusammensein oder auch mit bangen Gedanken daran, was die Zukunft wohl bringen mag.

Im zwischenmenschlichen Zusammensein, sei es in einer einzigen oder in mehreren Lebensgemeinschaften, ist die gelebte Sexualität in all den Ausdrucksweisen, Variationen, Praktiken und Veränderungen ein wesentlicher Bestandteil, fast ein ganzes Leben lang, falls Sie die achtzig überschritten haben. Oder die Hälfte, wenn Frau X sagt: »Ich bin jetzt 55 Jahre alt, wenn ich 85 Jahre alt werden sollte, dann habe ich 30 Jahre Sexualleben hinter und 30 vor mir. Was mach ich nun?« Gedankenschwere Abschiede von der Leichtigkeit, Melancholie, aber auch Freude, »Jetzt erst recht« und Neugierde auf Kommendes.

Schicksalsvielfalt

Bevor Sie über Ihre Bedürfnisse, Wünsche und Vorlieben *der sexuellen Praxis* miteinander reden, ist eine *Gesamtaufnahme* Ihrer derzeitigen Lebenssituationen von Bedeutung, um herauszufinden, welche davon noch, welche weniger und welche gar nicht mehr von Ihnen aufgrund der physischen und psychischen Gegebenheiten als *Lebensgemeinschaft* realisierbar sind. Dabei spielt das Schicksal (oder für Sie andere Mächte) eine wichtige Rolle, in einer manchmal nicht für möglich gehaltenen Milde oder Grausamkeit.

Folgende Konstellationen sind für Sie wirklich, möglich oder vorstellbar:
- Töchter und Söhne leben noch mit im Haus
- großer Altersunterschied
- eine Person ist noch äußerst aktiv, die andere nicht
- zu zweit ein ungestörtes Zusammenleben wie bisher
- zu zweit mit Einschränkungen einer Person, jeweils mit Hilfe
- zu zweit mit beiderseitiger Einschränkung, jeweils mit Hilfe
- zu zweit, eine von Ihnen pflegebedürftig, die andere (noch) pflegefähig
- zu zweit zu Hause, in Anwesenheit einer ständigen Pflegekraft
- Aufenthalt einer Person mit längerem Krankenhausaufenthalt
- Aufenthalt einer Person mit längerem Aufenthalt und einer Person, die krank zu Hause ist
- beide Personen im betreuten Wohnen
- eine Person im Pflegeheim, die andere zu Hause bleiben
- beide Personen im Pflegeheim

Und dazu das Schicksal mit seinen Auswirkungen
- Krebserkrankungen, über Jahre hinweg oder dauerhaft
- bleibende schwere Krankheiten
- Unfall mit schmerzhaften Dauerschädigungen
- Unfall mit Amputation und Lähmungen
- gelähmt im Rollstuhl, dauerbettlägerig
- Schlaganfall mit leichten oder schweren Symptomen
- Alzheimererkrankung, Demenz in verschiedenen Stadien
- Komapatientin/Komapatient, kurzeitig, zeitlich nicht absehbar
- Absenzen mit Lärmen, Schreien, Brüllen, Toben
- Einweisung in die Psychiatrie

Jeder Fall ist singulär, und jede Lebensgeschichte hat ihre eigenen Schicksale.

Bisher gelebte Sexualität

Sie entscheiden, welche Mitteilungen und Erzählungen Ihres Sexuallebens der *Vergangenheit* angehören und damit keine Relevanz mit Abkehr von irgendwelchen »Beichtgeheimnissen« mehr haben. Entscheidend ist, welche für Sie im Jetzt mitteilungswürdig sind und welche für Sie wünschenswert für Ihr momentanes Zusammenseins mit Hinblick auf Ihr zeitgebundenes Leben sind.

Diese Gespräche zu zweit sind nur erfolgreich, wenn sie von Vertrauen und Offenheit mit freudigen und unerfreulichen, hoffnungsvollen und zuversichtlichen, erwartungsvollen und abschiedlichen, resignativen und bedauerlichen, glücklichen und traurigen, dankbaren und innigen Phasen getragen sind.

In diesem Abschnitt leben wir – weitaus mehr als früher – mit Gedanken an das bisherige Leben, den möglicherweise baldigen Tod oder mit Negierung und Verdrängung.

Selbsterfahrung: Meine Frau ist 13 Jahre älter als ich, seit Jahren Schmerzpatientin mit Stürzen bis hin zum Rollstuhl und Pflegeheim. Wir haben zu allen Zeiten über unsere Krankheiten (bei mir Krebs, Herzinfarkte) und über den Tod gesprochen, wann auch immer er kommen mag. SIE war vorbereitet, mit 92 Jahren von ihren Leiden erlöst; ICH selbst meditiere einige Male im Jahr mein eigenes Sterben.

2. Abschiede

Der Lebensabend bringt für viele Menschen eine Reihe von Abschieden, die sie innerlich annehmen können, die sie dennoch belasten und die ihr Sein sehr beeinträchtigen. Ich habe über dieses Thema mit Nicken, manchmal Schmunzeln, aber auch mit Wehmut geschrieben.

Der Alltag

Entweder ist der Schlaf zu kurz oder die Nacht zu lang, und das Aufstehen fällt schwer, schon durch den Gedanken: »Was kommt alles auf uns zu?« Die Bettdecke wird nicht mehr mit Schwung zurückgeschlagen.

Die Frühstückszeiten und Einkaufsplanungen dauern länger, ebenso die Einkäufe selbst. Waren früher ausgedehnte Spaziergänge, kleine Fahrten oder ausgiebige Reisen möglich, so sind wir schon froh, wenn wir nach dem Mittagsschlaf kleine Runden bewältigen, uns aber das Kaffeestündchen gönnen können, bevor wir noch Zeit für Ablenkungen haben: Malen, Basteln, im Keller werkeln, Musik hören, im Internet blättern, kleine Besuche machen oder bekommen. Der Abendrhythmus ist eingeteilt durch einen Imbiss, etwas Lesen, Fernsehen nach Gusto, längeres Verweilen im Bad, im Bett in den Arn genommen werden mit einem halbmüden »Gute Nacht« und vermutlich zeitlich unterschiedlichem Einschlafen. Die Einschränkungen häufen sich, Abschiede ebenso. Die Tür geht immer mehr nach innen als nach außen auf.

Der Körper

Das Bücken fällt schwerer, das Wiederhochkommen auch, Unbeweglichkeiten und Schmerzphasen nehmen zu. Darmprobleme und Inkontinenz machen zu schaffen, ebenso die Arzttermine mit anschließenden Therapien und zu Hause die Einnahme der Medikamente. Wirkungsvolle Gegenbewegungen schaffen Erleichterungen, wie Heimgymnastik, Atemübungen, Yoga, auswärts das Sportcenter, Wanderungen, Walken, Joggen, Fahrradfahren (wenn's noch geht), Schwimmen und in der Wohnung Räumen, Umräumen, oben und unten liegende Gegenstände in die mittleren Ebenen zentrieren.

Die Seele

Sie gehört (zu) mir, genauso wie mein Körper, und bedarf der Beachtung, Zuwendung und Pflege. Auch sie hat sich im Laufe der Zeit verändert. Deshalb bin ich ihr gegenüber dankbar, dass sie sich noch freuen kann, lächelt, mir Mut zuspricht, mich aufmuntert, mir Zuversicht gibt und mich stärkt, mich innerlich streichelt, wenn ich bisweilen mutlos bin, resigniere, Tränen in den Augen habe, melancholisch bin. Und ich bin froh darüber, dass meine Seele und die meines Partners/meiner Partnerin miteinander im Gespräch sind, dass wir uns berühren und unsere Zuneigung spüren.

Das Zusammenleben

War die Zeit früher durch den Beruf, die Kinder, durch gesellschaftliche Verpflichtungen und Außenaktivitäten für das Zusammenleben eher eingeschränkt oder limitiert, so ergeben sich im Alter zwei Wege: der eine in Richtung Nachholbedarf, der andere in Richtung davon, sich an die Nähe wieder zu gewöhnen, mit zwei unterschiedlichen Aussagen: Was machen wir bloß, wenn wir beide in Rente gehen? Oder: Gott sein Dank, jetzt haben wir mehr Zeit für uns. Das eine mit dem Gefühl der Genugtuung und Zufriedenheit, das andere als Lernaufgabe mit gegenseitiger Unterstützung und ggf. mit Hilfe von außen, von Beratung bis Therapien.

Das NIE WIEDER

Und dann taucht das erleichternde oder äußerst bedauernswerte »Nie wieder« auf, das sehr unterschiedlich ist aufgrund der finanziellen, gesundheitlichen, altersbedingten, familiären und geographischen Konstellationen.

* Abschied für immer von bisher Gewohntem, z. B. keinen Beruf mehr ausüben, keine Enkelkinder, keine Reisen, keinen Theaterbesuch, keine bestimmte Sportart, keine Restaurantbesuche

* Abschied für immer von Menschen, die gestorben sind. O-Ton meiner Cousine, 96 Jahre alt: »Ich habe keine Freundschaften mehr. Alle sind vor mir gegangen.«

* Abschied für immer von Tätigkeiten, meist krankheits- oder altersbedingt, wie Malen, ein Instrument spielen, Lesen, Schreiben, Basteln, im Chor singen, Stammtisch, Tanzabende, Sport treiben

* Abschied für immer von der Selbstständigkeit: kein Autofahren, kein Radfahren, kein Kochen, keine Selbsthygiene, kein Waschen, Duschen, An- und Ausziehen, keinen eigenen Haushalt führen, auf den Pflegedienst warten müssen, Abschied von der vertrauten Wohnung oder dem geliebten Haus

Selbsterfahrung: Als ich meine Frau nicht mehr zu Hause pflegen konnte, fuhr ich sie im Rollstuhl den Gang entlang bis zur Tür, beide bitterlich weinend, innige Umarmung in dem Bewusstsein: NIE WIEDER ein Zusammenleben wie bisher 45 Jahre lang. Das Ende einer Ehewirklichkeit!

Und wo bleibt die Sexualität?

Sie bleibt, weil wir geschlechtliche Wesen sind, weiblich, männlich in allen Variationen, bis in den Tod. Das sexuelle Leben und Erleben im Alter hängen ab
– von der Fortsetzung bisheriger Praktiken und Gewohnheiten,
– von den Veränderungen aufgrund des Älterwerdens,
– von den Veränderungen durch Krankheiten,
– von der Kraft der Libido und den individuellen Bedürfnissen,
– davon, ob seit längerer Zeit Sex keine Rolle mehr spielt.

Wenn ich an die sexuellen Erfahrungen in der Vergangenheit denke, so zwischen 40 und 70 Jahre zurückliegend, dann hat sich die Sprache und damit die Bedeutung der Sexualität erheblich verändert:

Zunächst keine Worte, dann »da unten« und Intimbereich, später Genitalien mit der Benennung Scheide und Glied. Miteinander schlafen war normaler Sprachgebrauch, Vögeln und Bumsen schon sehr gewagt, Geschlechtsverkehr und Beischlaf die beiden rechtlich angemessenen Begriffe. Obszön war zunächst das Wort Ficken, inzwischen gesellschaftlich längst akzeptiert, bis die Begriffe Sex oder Sex haben zur Selbstverständlichkeit geworden sind. Und bisweilen auch: »Bei uns läuft seit Jahren nichts mehr.«

Unter »Sex haben« verstehen die meisten Menschen den »Dreiteiler« Erektion, Penetration, Orgasmus, also bloßer Geschlechts*verkehr*, und damit eine Ver-kürzung sexuellen Lebens.

Der Begriff Erotik, wie bereits erwähnt, kommt derzeit kaum mehr vor, nämlich als Emotion in der sexuellen Kommunikation.

Die Sätze eines jungen Auto*liebhabers* (!), ledig, ohne Zuhause, beschreiben sehr treffend das Phänomen der Erotik: »Ich liebe mein Auto. Wenn ich es sehe, dann streichle ich es manchmal. Ich fahre sowohl vorsichtig als auch schnell. Wenn ich mich allein fühle, dann hocke ich mich rein und bin in meinem Wohnzimmer. Ich lese, höre Musik und bin glücklich und tue alles, dass es glänzt.« Dabei schaut er mich an, grinst und sagt: »Ich habe halt ein erotisches Verhältnis zu meinem Auto.«

Ich wende mich im dritten Kapitel auch dem Thema *Berührungen* zu, weil es mir in der Lebensphase des Alterns als am besten geeignet erscheint, Sexualität, Intimität, Nähe und Geborgenheit zu versprachlichen *und* Möglichkeiten aufzuzeigen, die in der »Alterswirklichkeit« machbar und lebbar ist.

Mir fällt auf, dass Menschen in zunehmendem Alter und nach Jahrzehnten des Zusammenseins weitaus weniger von Sexualität oder Sex haben *reden.* Die Gründe sind Routine, Gewohnheit, Libidoreduzierung, Hormonveränderungen, körperliche Behinderungen oder seelische Belastungen.

Deshalb werden andere körperliche oder seelische Zugänge gesucht, entweder aus früheren Zeiten oder neu, die dann gefunden, erfunden, gelebt und erlebt werden, personell und mental, geistig wie spirituell: Wahrnehmungen, Zuwendung, Zuneigung, Nähe, Geborgenheit, Zärtlichkeit, sanfte Berührungen, behutsame Gesten, einfühlsame Unterstützung, Dasein und Zusammensein. Sexuelle Aktivitäten treten in den Hintergrund, Gefühle in Form von Emotionen werden wesentlich stärker wahrgenommen und in die zwischenmenschlichen Begegnungen integriert.

Deshalb bekommt das Wort *Berührungen* für mich eine besondere Bedeutung.

3. Berührungen

Je nach Verfasstheit bestehen, einseitig oder gegenseitig, eine Sehnsucht und der Wunsch nach Erfüllung vielfältiger Berührungen, das Erfahren von Gefühlen und Emotionen, indem sie gezeigt, vermittelt, gespürt werden, und zwar über körperliche Aktivitäten, die auch die Seele »berühren«: Übers Haar oder über das Gesicht streicheln, miteinander einatmen, durchatmen, ausatmen, den Kopf auf die Brust legen, mit den Händen die Füße massieren oder wärmen, eine Wärmflasche oder eine Decke auf den Bauch legen, Hand in Hand einschlafen und sich beim Aufwachen suchen, die Lippen über die Haut wandern lassen, die Brüste oder den Penis sanft küssen, ein Kissen unter den Kopf schieben, sich ein Lächeln schenken.

Was ich jetzt beschrieben habe, klingt zärtlich und innig und kann auch so erlebt werden, meist intensiver von Frauen als von Männern, weil die einen mehr Erfahrungen und die anderen weniger Möglichkeit hatten, körperlich und emotional so zu agieren. So ist es für die einen eher normal und für die anderen bedeutet es ein Umdenken, Umlernen und Umorientieren.

Das Gewohnte und Vertraute haben andere Namen bekommen. Befragungen haben ergeben, dass die Zärtlichkeit im Alter die intensivste Form der gegenseitigen, körperlichen wie seelischen Zuneigung ist.

Selbsterfahrung: Schon als kleines Kind war ich ein Schoßhupfer und Umärmeler. Wenn ich kränkelte, durfte ich auf dem Sofa liegen, auf dem Bauch meines Vaters. Bussis geben und Schmusen gehörte in den Alltag. Im Kindergarten hielt ich mich am Rock der Klosterschwester fest.

Der Bruch geschah im Übergang von Zuhause ins Internat: Aus der Wärme kam ich in die schreckliche und grausame Kälte. Heimweh war mein stilles Abendgebet unter dem Kopfkissen, Schülerchor und Klavierspiel waren die Rettung, aber nicht das Ende meiner Berührungssehnsucht. Diese wurde einige Jahre später weitergeführt in Funktionen, in denen es um Menschen ging: als Klassen- und Schulsprecher, als Teilnehmer in und Leiter von Gruppen, als Student der Pädagogik und Psychologie, als Lehrer, später als Coach und Therapeut und schließlich als Beziehungsdidaktiker, 30 Jahre lang.

In zwischenmenschlichen Beziehungen war ich nie ohne Wärme und Empathie, immer auch körperlich nahe durch Begrüßungsumarmungen, als Tröster, Weinender, als Besucher am Krankenbett, als Ehemann mit »der starken Frau an deiner Seite« (wie mein Hausarzt mir sagte) – bis hin zum Tod meiner Frau, bis zuletzt ihre Hand spürend.

Ich habe dies geschrieben, um zu zeigen, dass die Berührungsvielfalt zwei Wurzeln hat, die angeborene und die allmählich erlernte. Dieses Lernen kann oft sehr schwer sein, weil Verhinderungen seit der Kindheit oder Verdrängung und Verstecken im Laufe der Lebensgeschichte Hürden auf dem Weg von der Beziehungsarmut zum Beziehungsreichtum gewesen sind.

Berührungsvielfalt und verschiedene Kontaktwünsche, auch in sexuellen Beziehungen, haben sich im Laufe der Jahre verändert. *»Hören wir mal rein«:* Attraktiv soll meine Frau sein, mit einem knackigen Arsch und prallen Titten. – Ficken will ich, nicht schmusen. – Ich möchte schmusen, mein Mann will immer nur das eine. Haut spüren, Neues ausprobieren. Ich genieße das Streicheln, die Zärtlichkeiten, das Hand-in-Hand-spazieren-Gehen, mit den Lippen spielen.

Alles vielleicht nur kurz oder schier endlos und auch miteinander schlafen, von leidenschaftlich-stürmischem Stöhnen bis ruhig-genießerischem Lächeln, so wie das Alter, die Möglichkeiten und die Umstände es zulassen.

Mir fällt die Verbindung von Körper und Seele auf. Sie ist immer vorhanden, ob wir sie artikulieren oder nicht, je nachdem, ob und wie wir sie wahrnehmen, welche Gelegenheiten wir haben, sie zu äußern, und wie sie beim Gegenüber ankommen: unpassend, ungewohnt, überraschend, unerwartet, erfreut, hochwillkommen, genüsslich, als Belastung oder Geschenk.

Im gemeinsamen oder alleinigen Älterwerden nehmen die Unterstützung, die Fürsorge, die Hilfen und die unterschiedliche Pflege einen breiten Raum ein, auch sie sehr körpernah und die Seele berührend:

Den Körper nicht mehr so zur Verfügung habend wie bisher, abhängig und auf Hilfe angewiesen sein, schwer für diejenigen, die im Alltag selbstständig und für andere da waren. Körperpflege durch andere, für die man früher selbst zuständig war. Den Körper nackt preisgeben: für Frauen Pflegern gegenüber bisweilen völlig neu und peinlich. Scham bekommt einen ganz anderen Stellenwert, und Männer scheuen sich vor Intimpflege.

Und sogar dies, O-Ton Frau B: »Ich hatte einen Verkehrsunfall. Beide Arme vier Wochen lang im Gips. Anfangs kostete es mich große Überwindung, mich von meinem Mann pflegen zu lassen. Der fremde Sozialdienst war mir lieber.«

Und dazu die Frage: Inwieweit lässt Schicksalsvielfalt Berührungen zu?

4. Veränderungen

Zum Einstieg, frei nach Bertolt Brecht: Herr K. traf einen Freund, der zu ihm sagte: »Du hast dich aber gar nicht verändert.« Da erbleichte Herr K.

Wir verändern uns alle, ständig. Nur merken wir es manchmal nicht.

Meinem Hausarzt sagte ich unlängst, dass mir das Bier gar nicht mehr so schmecke. Darauf er, lächelnd: »Auch unsere Magenzellen verändern sich.«

Ich habe dieses Kapitel »Veränderungen« genannt, weil am Lebensabend, auch hinsichtlich der bisher gelebten Sexualität, erhebliche Veränderungen stattfinden können:

* als Paar noch relativ gesund lange beisammen sein

* als Paar zunehmend mit Krankheiten konfrontiert sein: Diabetes haben, mit den Folgen von Krebserkrankungen klarkommen, Medikamenteneinnahme mit weitreichenden Nebenwirkungen tolerieren, Schmerzpatientin/Schmerzpatient sein, Muskel- und Herzschwäche erleiden

* als Paar zusammen sein, aber gesundheitlich und pflegerisch unterschiedliche Hilfen benötigen. Der Lebensradius von A ist wesentlich größer als der von B.

* sich als Paar trennen müssen, A in der Wohnung bleibend, B im Pflegeheim, einseitige Besuche, mit der Angst, längere Quarantänezeiten erleben zu müssen. Und beide wissen nicht, was die Zukunft bringen wird.

* als Paar den Schmerz darüber haben, dass A oder B allein zurückbleibt

Und dies ALLES im Horizont des Älterwerdens und des Altseins, begleitet von der Frage: Wie können wir unsere Sexualität angesichts der schwindenden Normalität und der nicht einschätzbaren Zukunft leben? Und das kann bedeuten: Das Leben zu Hause, im Krankenhaus, im Pflegeheim beenden, und was die Sexualität betrifft, mit Tabuzonen konfrontiert werden und auf Grenzen stoßen.

Zu Hause

Ich gehe auf vier bedeutsame Veränderungen im Zuhause ein, sei es in Ihrer Wohnung oder in Ihrem Haus: a) auf die sachliche Ebene, b) auf die persönliche Ebene c) auf die sexuelle Ebene und d) auf die Ebene der häuslichen Pflege.

a) Die sachliche Ebene: Irgendwann merken Sie, dass manches bisher Erreichbare entweder zu hoch oder zu niedrig ist. Strecken oder Bücken machen keinen Spaß mehr. Oder Sie merken, dass Keller und Dachboden messieartig aussehen. Entsorgen ist angesagt, im Kleiderschrank oder im Arbeitszimmer, von der Küche ganz zu schweigen.

Früher oder später taucht die Frage auf, ob und inwieweit die Wohnung, das Haus behindertengerecht umgestaltet werden muss. Es geht schon los, Oberes und Unteres mittig zu platzieren.

Ich kenne Paare, die »im Leben nicht« daran gedacht haben und nun vor großen Problemen stehen, während andere heilfroh sind, früh genug investiert zu haben. Inzwischen werden die meisten Neubauten bereits zukunftsorientiert gebaut.

So viel zu Ihren Aktivitäten.

Das Problem für Sie beide beginnt erst dann, wenn unterschiedliche Ansichten zur Sprache kommen, was den Zeitpunkt des Entsorgens und die Sachen angeht: Was bleibt, was wird weggeworfen? In vielen Ehejahren hat sich so viel Liebgewordenes, Erinnerungswürdiges angesammelt, und die eine ist eine Sammlerin und der andere ein notorischer Wegwerfer. Was tun? Kommunizieren!

Ich empfehle: je früher, desto besser, denn es kann manches unerwartet eintreffen, z. B. finanzielle Engpässe, ein Unfall, eine Krankheit, das Ableben.

Das Planen und die Ergebnisse werden schriftlich festgehalten, was ohne Kompromisse kaum gehen wird (und hoffentlich nicht in Streitereien ausartet), es gilt, Absprachen und Veränderungen zu treffen und sich unbedingt gegenseitig zu trösten, auch bei dem Gedanken, der aufkommt: »Wenn ich mal nicht mehr sein werde …«

b) *Die persönliche Ebene*: Sie betrifft beide und hat zwei Richtungen.

Die eine lautet: »Alles bleibt so, wie es ist. Es war schon immer so.« Kein Risiko eingehen, bekannte Wege gehen, Unbekanntes erschreckt. Der einen, dem einen sind Sicherheit, Überschaubarkeit, Planbarkeit, Geborgenheit wichtig und Risiko bereitet Unbehagen. Die andere: »Wir haben nicht mehr viel Zeit.« Modifikation ist das Schlagwort. Ich möchte noch manches nachholen, freue mich auf Überraschungen und nehme Unannehmlichkeiten in Kauf.

Wären Sie allein, dann könnten Sie auch allein entscheiden und handeln. Und Sie begegnen nur *Ihrer* Seele. Zu zweit begegnen sich aber zwei, zwar vertraut, aber doch bisweilen sehr verschiedene Wesen. Es stehen sich Sicherheit vs. Freiheit gegenüber, die Angst vor Gefahren vs. Angst, eingesperrt zu sein, Iglu vs. Eisfläche, Berggipfel vs. Berghütte, Extrovertiertheit vs. Introvertiertheit.

Nach eingehender Aussprache gibt es dreierlei Entscheidungsmöglichkeiten:

Ich bleibe bei dir zu Hause. – Du gehst mit mir ins Freie. – Mal so, mal so.

Grundsätzlich gilt: Das »Dir zuliebe«, nur um des lieben Friedens willen bietet genügend Stoff für spätere Vorwürfe. Hätte ich nur … Warum hast du nicht … Was trägt, ist nur die Liebe in Form von Zustimmung, sich darauf einlassen, Kompromisse schließen aus *freien Stücken*. Was entschieden ist, ist entschieden. Es gibt keine falschen Entscheidungen.

c) Die sexuelle Ebene: So ist es auch in den sexuellen Beziehungen: Vergangenes wird in Gegenwärtiges integriert (so wie immer) und Gegenwärtiges in die Zukunft projiziert (mal ganz anders). Oder es finden keine sexuellen Berührungen mehr statt.

In allen drei Fällen braucht es eine einfühlsame Wahrnehmung, die Erkenntnis und Klärung bringt und durch die Bedürfnisse und Wünsche zum Ausdruck kommen: körperliche Möglichkeiten, emotionale Mitteilungen, behutsames Begrenzen, Entdecken von Neuland, Abschied von liebevollen Erfahrungen.

Und, um es mit Martin Walser zu sagen: Poesie! Die Erotik lässt grüßen.

Im verbalen und nonverbalen Austausch werden Gefühle und Emotionen deutlich: O ja, schade, Freude, Frust, Enttäuschung, Erheiterung, Erleichterung, Spaß, Stolz, Lust, Bedauern, Missmut, Zufriedenheit – und das Geschenk einer innigen Zweisamkeit. Eine Fülle von Eindrücken, Berührungen und Erfüllung von Sehnsüchten und Wünschen kann erlebt werden.

d) Die häusliche Ebene der Pflege: Sie geschieht durch die Partnerin/den Partner, ggf. zusammen mit Nachbarschafts- oder Angehörigenhilfe, durch den Sozialdienst bis hin zur 24-Stundenpflege und zu geeigneten Personen. Sie besteht aus ganzheitlicher Körperpflege, Ankleiden, Einkaufen und Besorgungen, Zubereitung der Mahlzeiten und Essenshilfe, körperlicher Zuwendung, Wäscheversorgung, Reinigung, Alltagsaktivitäten, Freizeitgestaltung/Hobbys bis hin zur Bedienung der Spül-, Wasch- und Trockenmaschinen. Auf die Selbstbestimmung und Selbstverantwortung der betroffenen Person muss besonders geachtet werden, um ihr das Gefühl zu vermitteln: Ich werde beteiligt, und es stärkt mein Selbstbewusstsein.

Hinweis: Die häusliche Pflege konzentriert sich meist auf alle Maßnahmen, die der betroffenen Person zugutekommen (sollen). Der *Beziehungsaspekt* wird kaum beachtet. Deshalb für Sie, liebe Leserin, lieber Leser, stelle ich ein Experiment vor:

Sie brauchen Pflege und begegnen in kurzer Zeit folgenden Personen: der eigenen Partnerin, dem eigenen Partner, abwechselnd den Personen des Sozialdienstes, der Reinigungsfrau, mehreren Menschen im 24-Stundentakt. Für Sie ist das eine große zwischenmenschliche Herausforderung: Wer passt zu mir? Wer ist mir sympathisch? Wie werde ich behandelt? Was bin ich gewohnt, und was vermisse ich? Kann, darf ich mich artikulieren, und was und wie viel muss ich in Kauf nehmen? (Meine Frau wollte auf keinen Fall eine Pflegefrau, stationär in der Wohnung bleibend, dann lieber ins Heim.)

Nachdem die Kinder aus dem Haus sind, können Sie eine ungestörte Zweisamkeit genießen. Und plötzlich haben die Behinderungen, die Sozialstruktur und die anwesenden Personen Einfluss auf Ihr Privatleben, auf Ihre persönliche Intimität und auf Ihr Sexualleben: Aus dem Schlafzimmer wurde ein Krankenzimmer, aus der Küche ein Speiselager, aus dem Wohnzimmer ein Aufenthaltsraum für alle, aus dem Kinderzimmer ein Gästezimmer und aus dem Hobbyraum im Keller ein Abstellraum. So viel zu Veränderungen im häuslichen Bereich!

Im Krankenhaus

Dort geht es um Aufnahme der Kranken, Bedürftigen und Menschen in Not, mit den Zielen der Rettung, der Linderung, der Besserung, der Gesundung, der Heilung und der Sterbebegleitung.

In den meisten Fällen sind es Paarschaften, die betroffen sind und dadurch in zwei Rollen in der einen Beziehung sind, als Kranke oder als Gesunde, als Patientin/Patient oder als Begleitperson.

Selbsterfahrung: Bei meinem ersten Herzinfarkt, mit 49 Jahren, verbrachte meine Frau eine ganze Nacht auf der Intensivstation, auf dem Gang, wartend auf das Ergebnis und meinen Zustand, voller Angst und Zuversicht, wie sie mir hinterher gestand. Ich erlebte drinnen den Satz eines jungen, einfühlsamen Arztes: »Herr Miller, wir wissen nicht, ob Sie diese Nacht überstehen.« Ich wurde ruhiger und habe mich innerlich von meiner Frau verabschiedet.

Krankenhäuser sind ein Ort der medizinischen Versorgung, der mentalen Betreuung und seelischen Zuwendung. Nicht umsonst arbeiten dort auch Menschen, die Seelsorger (!) genannt werden. Gedanken an sexuelle Zuwendung mag dort in Wünschen und Fantasien vorkommen, für praktizierte Sexualität sind sie nicht der entsprechende Ort.

Im Pflegeheim

Das Schicksal kann oft grausam sein, denn normalerweise kommen Einzelpersonen in ein Heim, weil die häusliche Pflege nicht mehr möglich oder weil der Partner, die Partnerin gestorben ist. Pflegebedürftige und Witwen oder Witwer werden zu Heimbewohner:innen.

Selbsterfahrung: Ich konnte meine Frau nicht mehr in der gemeinsamen Wohnung pflegen, auch nicht mithilfe von Pflegekräften. Voraus gingen Wahrnehmungen über ihren Krankheitszustand, Informationen von Experten, Suche nach einem geeigneten Ort und vor allem Gespräche miteinander und Befindlichkeiten, wie Entschlossenheit, Klarheit, Unsicherheit, Zweifel, Verzweiflung, Mutmacher, Tröstungen, IS SO, Schmerz, Trauer, Tränen, Schuldgefühlen, Akzeptanz des Schicksals. Schlimm war es für uns beide, als ich sie, den Rollstuhl schiebend, den Gang entlang aus der Wohnung fuhr. Wir weinten beide bitterlich. Eine Fülle von »Nie Wieder« prasselte auf uns beide nieder. Und dann langsam in ihr Zimmer geschoben, in dem sie, bis zu ihrem Tod, etwa 1000 Mal Tagesroutine erlebt hat: zwischen sechs und sieben Uhr geweckt werden, Toilette, Frühstück, eine Stunde Beschäftigung in einer Gruppe, auf das Mittagessen warten, Mittagessen, anschließend Mittagsschlaf, eine Stunde Beschäftigung, Abendessen, ins Bett gebracht werden, einschlafen gegen 21 Uhr (mit meinem pünktlichen viermaligen Telefonklingeln meinerseits). O-Ton meiner Frau, nach Monaten: »Mein

Lebensmotor ist sehr, sehr müde geworden, und die Tagesgestaltung ist sehr mühsam.«

Interna: Für die Betroffenen und Angehörigen sind die Einweisungen immer zwiespältig, nämlich notwendig *und* entlastend, für die Gepflegten von zustimmend bis grausam, für die Angehörigen meistens mit Schuldgefühlen besetzt. Witwen und Witwer sind meist zufrieden, weil sie nun nicht mehr allein sind und Hilfe im Alltag bekommen.

Es ist die letzte Lebensstation, auf das Lebensende wartend und damit auf den Tod, hoffend auf ein baldiges Ende, angstbesetzt oder ohne bewusstes Wahrnehmen, je nach körperlicher, seelischer, geistiger Verfassung, von hellwach bis dement, für die meisten ein Zurechtfinden im Gesamtmilieu des Hauses: Alters-, Gesundheits-, Krankheits-, Herkunfts- und Artikulationsunterschiede, mit der Erfahrung eines völlig neuen Lebens.

Auch die Angehörigen müssen sich an die extremen Veränderungen gewöhnen, als Partnerin/Partner oder als Söhne, Töchter oder Enkel.

Sie kommen aus zwei Pflegesituationen: völlig neu und ungewohnt, aufgrund der Akutsituation, gewohnt, weil zu Hause Pflegebedarf war, erleichtert, weil es sich um Notfälle handelt, die aufgefangen werden.

Von den früheren Altersheimen sind viele in Pflegeeinrichtungen umgewandelt geworden. Seit 30 Jahren gibt es den Pflegedienst in Heimen, insgesamt in der BRD ca. 12.000 Alten- und Pflegeheime, mit äußerst unterschiedlichen Voraussetzungen, Bedingungen und Pflegemöglichkeiten.

Ich renne offene Türen ein, wenn ich schreibe, dass die Gesamtsituation in den Heimen extrem belastet ist: Mangel an Personal, ausgebildet oder nicht, deshalb überlastet und überfordert, weshalb die Arbeit bisweilen fehlerhaft ausgeführt wird; der Beruf ist völlig unangemessen bezahlt, die Krankheitsquote sehr hoch, der Tages- und Nachtdienst ist eingeschränkt, wird auf das Nötigste reduziert. Die Pflegenden sind frustriert, weil sie hinter ihren eigenen Idealen und Ansprüchen hinterherhinken. All dies ruft nach Differenzierung, weil die Bewohner:innen äußerst unter-

schiedlich in der Pflegebedürftigkeit sind, nämlich Alleinstehende, die
»nur« versorgt werden wollen, ansonsten selbstständig zurechtkommen,
Menschen im Dauerrollstuhl, eingeschränkt und immobil, geistig jedoch
mobil, Personen, die sich allein nicht mehr versorgen können, und schließlich diejenigen, die in verschiedenen Stadien dement sind.

Tagtäglich und des Nachts besteht diese hohe Unterschiedlichkeit, die
auch unterschiedlich behandelt werden muss, die höchste Anforderungen
an das Personal stellt und gleichzeitig der höchste Stressfaktor ist. Es geht
dennoch immer wieder um die Eigenheiten, Wünsche und Artikulatio-
nen der Bewohner:innen: die Stillen, die Lauten, die Schreienden, die
Zufriedenen, Geduldigen, Dankbaren, Stänkerer und Unverschämten,
die Selbstständigen, die Hilfebedürftigen, die Hilfslosen, und alle unterschiedlich gesund bzw. krank.

Und wo bleibt die Sexualität?
Inzwischen angemessen zum Thema gemacht oder totale Tabuzone?

Tabu I: Sexualität in Pflegeheimen

Eine Tabuzone immer noch: Schweigen in den Einrichtungen, Schweigen der meisten Pflegenden, in den Heimen keinerlei Möglichkeiten für
sexuelle Praxis.

Selbsterfahrung: Ich habe dieses Thema niemals von irgendwelchen Pflegenden zu hören bekommen. Mich hat nie jemand darüber angesprochen,
obwohl sie über meinen Beruf Bescheid wussten. Meine Frau und ich
konnten unser Gesicht, unsere Haare streicheln, uns küssen, nebeneinander sitzen, Hand in Hand.

Hinter uns das große schwere Krankenbett, wie ein Moloch, unnahbar, abweisend.

Die Sehnsucht war da, nebeneinander zu liegen, sich in den Arm zu nehmen, ihren Kopf an meiner Schulter zu spüren. Ich hätte meine Frau nie auf das Bett hieven können. Ich hätte dazu jemanden holen müssen. Undenkbar. An der Zimmertür außen ein Schild mit *Bitte nicht stören!* Unmöglich! Kleider ablegen. Aussichtslos. Bloße Haut spüren. Keine Traute.

Die Pflegenden wollte ich nicht mit diesem heißen Thema belästigen, nachdem ich gesehen hatte, wie sehr sie in andere Tätigkeiten involviert waren, oft bis an die Grenzen ihrer Möglichkeiten, noch dazu in Coronazeiten! Drei Jahre meine Frau im Heim, drei Jahre ohne auch nur annähernd sexuelle Aktivitäten, eingezwängt in den Rollstuhl.

In den öffentlichen Diskussionen, in noch wenigen Heimen, geschieht allmählich eine langsame Öffnung und Thematisierung, die jedoch äußerst problematisch geführt wird:

* Es ist ein Irrtum, zu glauben, man könne die Außenwelt eins zu eins in die Innenwelt der Heime übertragen.

* Schon immer gab und gibt es in der Außenwelt Bereiche, in denen die Bedürfnisse und Wünsche, Sexualität auszuleben, nicht erfüllbar sind: Soldaten im Krieg, Menschen in Gefangenschaft, Personen wie Forscher und Welterkundler, die wochen- und monatelang von ihren Familien getrennt sind, Inhaftierte in Gefängnissen, Weltumsegler, durch Terror Unterdrückte, Verschleppte …

* Im Heim werden Bedürfnisse und Wünsche erkannt, und es gibt Bestrebungen, sie annähernd für Personen zu befriedigen, die immobil sind, Personen, die sich sexuell befriedigen wollen, es aber körperlich nicht können.

* Deshalb ist »Sex haben« ein völlig ungeeigneter Begriff, um ihn in die Heime übertragen zu können. Denn damit ist, wieder einmal, die verkürzte Version »Erektion, Penetration, Orgasmus« gemeint, an denen oder für die viele Bewohner:innen nicht interessiert oder körperlich nicht mehr in der Lage sind.

* Ich befürworte, dass es Betreuerinnen und Betreuer gibt, mit entsprechender mentaler Vorbereitung und Schulung, die sich geeignet fühlen und sich aus Mitgefühl und Zuneigung um die körperlichen Belange kümmern und dazu auch sexuelle Berührungen und Kontakte haben. Es geht um Intimität und Zärtlichkeit, nicht um sexuelles Ausleben oder Orgasmus als Ziel. O-Ton eines Pflegeleiters: »Heimbewohner:innen haben andere Sorgen.«

* Ich brauche keinen eigenen Namen für diese Art von Zuwendung. Die liebevollen Tätigkeiten beim Namen zu nennen, genügt und spricht für sich.

Es gibt Verlautbarungen von Politikern, die die »sexuellen Dienstleistungen« (so die Formulierung) vom Staat bezahlen oder bezuschussen lassen wollen. Ein Aufschrei geht durch die Lande.

Es gibt inzwischen auch den Begriff Sexassistentinnen/Sexassistenten. Damit wird völlig verkannt, was ihre Motive sind. Sie selbst sind Frauen (und Männer), die sich mit hohem Respekt, mit Einfühlung und Achtsamkeit den zu Pflegenden behutsam nähern und sie wahrnehmen. Sie schauen, welche Bedürfnisse sie haben, reden mit ihnen und befriedigen deren Bedürfnisse, soweit es für sie möglich ist, und weisen auch auf Grenzen hin, die eigenen und die der Frauen und Männer, zum Beispiel Selbstbefriedigungen durch Fremdtätigkeit, das Glied mit einer fremden Hand zur Erektion zu bringen. Und es ist nicht der eigene Partner: peinlich oder nicht? Für wen? Vaginaler Geschlechtsverkehr ist als Dienstleistung ebenfalls »erlaubt«. Offen ist noch, wer ihn bezahlt!

Was zu tun ist:
— Aufklärung der Öffentlichkeit
— aufmerksame Wahrnehmung der Beteiligten: Pflegepersonal, zu Pflegende und Angehörige
— behutsame interne Gespräche mit dem Ziel der Information, Aufklärung mit Respekt und Empathie

- Auswahl und Unterstützung aller Personen, die sich um die Menschen mit ihren sexuellen Bedürfnissen kümmern
- Schaffung von günstigen Bedingungen

Tabu II: Ohne Partnerin, ohne Partner

Ihre Partnerin, Ihr Partner ist im Heim untergebracht. Sie besuchen sie, ihn, und fahren dann in Ihre Wohnung, in Ihr Haus zurück, die gegenseitige Umarmung, das Winken noch im Sinn. Und während Sie allein sind, denkt Ihr Mann, Ihre Frau, was alles, im wahrsten Sinn des Wortes, auf der Beziehungsebene möglich sein kann, zwischen Fantasien, Erfahrung und Wirklichkeit. Ich wähle die weibliche Version:
- Jetzt ist er allein zu Hause, hoffentlich macht er es sich schön.
- Er wird seine Freundin besuchen. Ich weiß, dass er eine hat.
- Ich bin froh, dass er zum Stammtisch geht.
- Bestimmt wird er eine Affäre mit X beginnen.
- Ich bin ganz allein; wann wird er wiederkommen?
- Ich denke oft an ihn. Warum muss ich nur hier sein!
- Ob er heimlich ins Bordell geht?
- Mein lieber, treuer Mann. Ich kann mich auf ihn absolut verlassen.
- Ich hier und er verlassen im Schlafzimmer.
- Jetzt kann er tun und lassen, was er will.
- Mit wem er wohl schlafen wird?
- Wie gut, dass die Kinder ihn besuchen.
- Ich kann kein Auge zutun, er auch nicht.
- Wer kümmert sich um ihn?
- Die Hauptsache, er amüsiert sich.
- Ich mache mir Sorgen um ihn.
Usw.

Und die Gefühlspalette sieht bei ihnen so aus, je nach Art der Beziehung, der Situationen, des Tuns und Erlebens, auf beiden Seiten: Erleichterung,

Sehnsucht, Schuldgefühle, Hoffnung, Innigkeit, Traurigkeit, Schmerz, Gleichgültigkeit, Vertrauen, Alleinlassenmüssen und Alleingelassen sein, Verzweiflung, Niedergeschlagenheit, Hilflosigkeit.

Die jeweiligen Ereignisse und die Schicksalsschläge, die die Paare treffen, lösen Unterschiedliches bei ihnen aus: Beisammenbleiben bis zum Tod, Trennung, Doppelbeziehungen, Mitgefühl, Liebe, Schuldzuweisung, Vorwürfe, Akzeptanz, Duldung, Großzügigkeit.

Tabu und Offenheit stehen sich gegenüber: Zum einen das Verschweigen gravierender Veränderungen und Verhaltensweisen, zum anderen die Offenlegung und die Beantwortung der grundlegenden Frage: Wie sieht dein Leben im Heim und wie sieht mein Leben außerhalb des Heimes aus? Durch die zwei konträren Lebensweisen ergeben sich auch zwei verschiedene Welten, nah beisammen oder weit auseinander, Gemeinsamkeiten, Verzichte, Verluste!

Und immer wieder

Worüber kann ich reden? Was verschweige ich aus Rücksicht? Was kann ich fragen? Darf ich meine Fantasien äußern? Was kann ich zumuten, und wo verletze ich? Muss ich meine sexuellen Wünsche verbergen?

Im Grunde genommen, so meine Erfahrung, sind die Beteiligten erleichtert, wenn sie miteinander ins Gespräch kommen, auch zu dritt. Wenn die Mitteilungen bereits erahnt wurden, mit all den Empfindungen, wie Enttäuschung, Tränen, Dankbarkeit, Freude, Nähe, Umarmungen. Auf Dauer ist Verheimlichen die größere Belastung als Mitteilungen und Zumutungen, die letztlich befreien.

Jeder Fall ist ein besonderer Fall:

* Herr A. geht mit mir zum Ausgang. Ich habe ihn im Garten gesehen, wie liebevoll er seiner Frau, längst dement, Heidelbeeren in den Mund

steckt, einzelne für einzelne. »Sie erkennt mich schon lange nicht mehr«, sagt er, mit Tränen in den Augen.

* Mit meiner Frau, geistig intakt, kann ich gute Gespräche führen. Was ist, wenn ich irgendwann einmal ihr Zimmer betreten werde und sie mich fragt: »Wer sind Sie?« Nicht auszudenken!

* Frau B. sehe ich öfter mit ihrem Mann auf dem Gang, groß, schwer. Sie ist erschöpft. Sie steckt mir einen Brief zu. Zu Hause öffne ich ihn und lese die Zeile: »Ich kann nicht mehr. Fünf Jahre! Ich bin verzweifelt!«

* Frau C. hat höllische Schmerzen, die sie ihrem Mann verschweigt. Sie nimmt heimlich Tabletten, die kaum wirken, aber ihre Persönlichkeit verändern: missmutig, gereizt, vorwurfsvoll aggressiv. Der Mann wundert sich. Nach Wochen hört er den Satz von ihr: »Meine Schmerzen möchte ich meinem schlimmsten Feind nicht wünschen.« Da geht ihm ein Licht auf! Und beide reden über ihre Schmerzen.

* Herr D.: Still, zurückgezogen. Er hat keine Frau, keine Kinder, niemanden. Er ist verstummt. Er wartet nur noch auf den Tod.

Grenzen

Sexualität am Lebensabend heißt dieser Teil 4. Und das vierte Kapitel trägt die Überschrift »Veränderungen«, die zu Hause, im Krankenhaus und in Pflegeheimen, wie soeben beschrieben, sich jeweils sehr unterschiedlich zeigen und in denen gelebte Sexualität sich ebenfalls unterschiedlich darstellt. Niemals sind sie grenzenlos, auch wenn sie Grenzen überschreiten, besonders durch Machtgehabe und Gewalt.

Grenzen werden aber auch deutlich im sozialverträglichen Umgang am Abend des Lebens, nämlich in Zuwendung und Zuneigung, in Sorge um die anderen, in pflegerischen Aktivitäten und sexueller Praxis.

Grenzüberschreitungen sind grundsätzlich dann schädlich, wenn sie das eigene Ich und das Ich der anderen missachten. Ich beziehe mich sowohl auf die Einzelnen in Paarschaften als auch besonders auf die Pflegenden in Krankenhäusern, Alten- und Pflegeheimen und nenne folgende fünf:

Erschöpfung: Ein Herausgefordertsein und Sichverpflichtetfühlen, den eigenen Idealen, Ansprüchen und den Bedürfnissen und Wünschen der anderen gerecht zu werden. Rasch werden aus Herausforderungen Überforderungen.

Überforderungen: Die werden erst dann wahrgenommen, wenn physische, psychosomatische und psychische Symptome auftreten, wie Schweißausbrüche, Gereiztheit, Unruhe, Schlaflosigkeit, Fehlerzunahme, Aggressionen und Depressionen.

Burn-out: Körperliche und seelische Erschöpfungszustände, die gleichsam eine Steigerung und ein Bündel der Erschöpfungs- und Überforderungssymptome sind.

Selbstaufgabe: Die Zuwendung, die Zuneigung zu anderen wird so übersteigert, dass das eigene Ich keinen Raum mehr bekommt und die eigenen Bedürfnisse vernachlässigt, nicht mehr wahrgenommen und verdrängt werden.

Symbiose: Sie ist die Verschmelzung mit dem Du, sodass das Ich *und* das Du ausgelöscht werden und nur noch als Wir vorkommen.

Neinsagen fällt den einen schwer, den anderen macht es nichts aus. Die einen haben Schuldgefühle dabei, die anderen sind erleichtert. Jasagen und gehorsam nicken sind uns vertrauter als Neinsagen, waren ein Teil der Erziehung in unserer Kindheit und weitaus selbstverständlicher, als »renitent sein zu dürfen«.

Wer dem, der fordert, keine Grenzen setzt, muss sich nicht wundern, wenn er von ihm überfordert wird.

In Paarbeziehungen, wenn die Behinderungen besonders gravierend sind, die sexuellen Wünsche kaum erfüllt werden können, und in Sozial*berufen*, in denen Mit*leid* und (unbedingtes?) Helfenwollen die beiden größten Fallen in der Beziehung zu Menschen sind, muss deshalb gelten:

mitfühlen, aber nicht mitleiden, helfen, aber nicht symbiotisch verschmelzen.

Um auf Distanz zu bleiben und sich nicht »auffressen« zu lassen von den Bedürfnissen, Wünschen, Sehnsüchten, Forderungen anderer, ist deshalb das sogenannte Dissoziieren im beruflichen wie im privaten Kontext besonders wichtig.

Damit ist gemeint, dass das Handeln eines anderen Menschen wahrgenommen wird, ohne dass die eigenen Gefühle und Tätigkeiten durcheinanderkommen oder von anderen »aufgesogen« werden. Vor allem in Sozialberufen, in denen es immer auch um Distanzwahrung geht, ist dieses Verhalten notwendig, um handlungsfähig zu bleiben. Aus einem gewissen Abstand heraus und dennoch beteiligt, nimmt man das Gegenüber wahr und tritt mit ihm in Kontakt und Beziehung.

Wer mitfühlt, zeigt Einfühlungsvermögen, ist dem Mitmenschen nahe. Wer mitleidet, ist selbst involviert und beeinträchtig in seinen Handlungen: Ein Arzt, der durch die schwere Krankheit eines Patienten selbst in Tränen ausbricht, wird kaum hilfreich sein können. Eine Pflegerin, die ganz niedergeschlagen ist wegen des schlechten Zustands einer zu Pflegenden, wird kaum in der Lage sein, ihr zu helfen. Eine Partnerin, die ihrem Mann zuliebe sexuell gefügig ist, obwohl sie momentan keine Lust hat (und ihm gegenüber das verschweigt), wird kaum leidenschaftlich sein können.

Somit sind die Trennung von »mitfühlen–mitleiden«, die »professionelle Distanz« und der persönliche Rückzug keine Lieblosigkeit, sondern eine notwendige und letztlich förderliche Verhaltensweise in der Begegnung und Arbeit mit Menschen.

Dies gilt auch für Pflegende, wenn zu Pflegende sexuell Grenzen verletzen, sich verbal sexistisch äußern, Busen begrapschen oder den Po tätscheln. Nicht immer »geil«, sondern oftmals spontan oder sogar ihr Ausdruck der Nähe, was dennoch als übergriffig erlebt werden kann. Dann ist klare Grenzziehung notwendig und manchmal humorvoll entspannend, wie ich vor vielen Jahren in meinem Krankenhausdoppelzimmer mitbekam: Mein Nachbar sagte der Krankenschwester, dass er morgen beim Wecken einen Kuss haben möchte. Darauf sie: »Iss scho recht. Ich sag's dem Hausmeister.«

* Bei meinen mehrfachen Krankenhausaufenthalten kamen immer wieder Schwestern, denen mein Beruf bekannt war, zu mir und berichteten mir von verbalen und nonverbalen sexuellen Übergriffen und ihrem Zwiespalt: auf der einen Seite pflegerische Nähe den Patienten gegenüber (sie sprachen nur von den männlichen), auf der anderen Seite auf Distanz gehen und Grenzen setzen, was ihnen schwerfiel. Ich trainierte mit ihnen angemessene Verhaltensweisen für ihre Praxis und die Balance von Empathie und Abgrenzung.

Auch was die *sexuellen Wünsche* der Paarschaften betrifft, ist Grenzziehung notwendig. Manchmal kommt man ins Schleudern, dem anderen zuliebe, aus falscher Rücksicht oder aus geringem Selbstbewusstsein, in welchen Situationen auch immer, klar zu sein:
– ja sagen, aber eigentlich Nein meinen
– sich ärgerlich fühlen, aber freundlich antworten
– die Grenzüberschreitung spüren, sie aber verdrängen
– äußerlich da sein, aber innerlich woanders sein
– helfen, aber eigentlich überfordert sein
– mitspielen, statt aus dem Spielen aussteigen
– für andere da sein, aber selbst zu kurz kommen
– zuhören, aber innerlich weghören
– die Tür zumachen wollen, aber den Fuß dazwischen stellen
– schweigen, aber eigentlich reden wollen
– gehen wollen, aber noch dableiben

– zustimmen, aber völlig anderer Meinung sein

Wer ständig Offenheit signalisiert und eigentlich Grenzen setzen will, muss sich nicht wundern, wenn sie von anderen überschritten werden.

Oder: Wer nach allen Seiten offen ist, ist nicht ganz dicht!

Es bleiben: die Nähe, die Pflege, die Innigkeit und Zärtlichkeit, verbunden mit Reduzierung, Grenzen, Abschieden, Schmerz und Trauer.

Ein Geschenk, wenn dennoch die Liebe bleiben kann und darf.

5. Liebende

Von der Orange zur Mandarine

Liebe ist mehr als die Bedeutung und die Begierde nach wohlgeformten Gliedern. Es kommt vielmehr auf die Rückendeckung an, die man einander gibt gegen das Leben und gegen den Tod. Du hast dann begriffen, dass das Gefühl der Geborgenheit und Sicherheit ohne alles Mirakulöse drum herum das ist, was am Leben erhält, das Eigentliche und das Wesentliche (nach Inge Merkel).

Ja, innehalten und nachzuschauen, was am Leben erhält und was im Leben trägt.

Vorstellungen, Erfahrungen der Liebe und Sehnsüchte nach ihr gibt es auf unserem Planeten so viele, wie es Menschen gibt, die fühlen und denken können.

Was uns alle verbindet, ist die Tatsache, dass »das Persönlichste von uns das Allgemeinste ist«, nach Worten des amerikanischen Psychologen C. Rogers: Beachtung und Anerkennung, Respekt und Wertschätzung, Zuwendung und Zuneigung, Geborgenheit und Liebe.

Deshalb bin ich in diesem fünften Kapitel der »ICH-Erzähler«, zusammen mit meiner Frau. Ihnen, liebe Leserin, lieber Leser, gebe ich in diesem Kontext Informationen, Beispiele und Impulse, ggf. vielleicht auch zum Vergleich mit Ihren eigenen Erlebnissen und Erfahrungen.

Ich leite das Kapitel mit einem Satz von Albert Camus ein: »Einen

Menschen lieben, heißt, einwilligen, mit ihm alt zu werden.« Und aus dem Heim schrieb mir meine Frau: »Ich bin glücklich, dass ich in dieser meiner letzten Lebensphase noch die Liebe meines Liebsten erleben darf.«

Im Leben

»Mitten im Leben sind wir vom Tod umgeben.« Mit diesem Satz beginnt ein gregorianischer Choral.

Ein Vater fährt mit seinen beiden Söhnen in die Berge und stürzt mit ihnen ab. – Ein Mädchen, mit ihren Eltern in einem Bahnwärterhäuschen lebend, wird vor der Haustür von einem Zug erfasst. – Auf einem Grabstein sind acht männliche Namen eingetragen. Alle acht Personen im Krieg gefallen. – Am Bett einer krebskranken Frau sitzen ihr Mann und ihre beiden Kinder. Sie halten ihr die Hände, bis sie für immer eingeschlafen ist. – O-Ton eines Generals: »Eine Million Tote sind Statistik, ein gefallener Soldat ist eine Tragödie.«

* Meine Frau, damals 45 und ich 31 Jahre alt, haben uns mitten im Leben kennengelernt und waren 48 Jahre zusammen. Am ersten Abend schälte sie mir eine Orange, am letzten Abend ihres Lebens mit Bewusstsein reichte ich ihr kleine Spalten einer Mandarine.

Beide haben wir auch immer den möglichen Tod miteinbezogen, jeweils auf dem Hintergrund unserer eigenen Lebensgeschichte. Und wir notierten sechs Merkmale, die uns für unsere Person als bedeutsam erschienen:

SIE	ICH
vital	beziehungsfähig
willensstark	offen
menschenfreundlich	empathisch
warmherzig	diszipliniert
skeptisch	zuversichtlich
realistisch	klar

Da gab es genügend Ergänzungen, Übereinstimmungen, Austausch, gegenseitige Unterstützung, Beachtung, Zuneigung, Nähe, aber auch Reibungsflächen, Unterschiedlichkeiten, Ungereimtheiten und Verwirrungen, bis hin in die Zeiten der erlebten Belastungen, Krankheiten und Schicksalsschläge. Je mehr sie uns tangierten, umso dichter, inniger und intensiver wurde unsere Liebe, die nie verloren ging. Sie war und blieb die Basis unserer Beziehung. Ich lernte, sie nicht in Frage zu stellen, während meine Frau von Anfang an fraglos war.

Was unsere *Sexualität* im Alter betrifft, so war das Wort Begierde nie in unserem Wortschatz, auch keine geplanten Aktivitäten, sondern vor allem war da die immense Dankbarkeit, zusammen sein zu dürfen und uns zu spüren bis zum Tod meiner Frau, der ich wenige Tage zuvor noch am Telefon sagte, wie sehr ich sie vermisse und dass ich Sehnsucht nach ihr habe.

Diese Sehnsucht von uns beiden konnten wir unterschiedlich ausdrücken. Verbal in Telefonaten, schriftlich durch meine Briefe, sie durch kleine Gemälde, körperlich durch Begrüßungen, Umarmungen, Streicheln und innig wie nie zuvor unsere Hände haltend, gerade in Hinblick auf unsere mögliche, baldige Trennung für immer. So war auch unser nachmittägliches Zusammensein geprägt durch die große Freude des Wiedersehens und Stunden später durch den abendlichen Abschied, manchmal mit Wehmut.

An unserem Lebensabend konnten wir auch uns immer mit Freude an unseren zwischenmenschlichen, geistigen und seelischen Reichtum erinnern, mit den kreativen und kulturellen Beigaben und beruflichen Erfolgen, weil wir im Zusammenleben achtsam, bewusst und einfühlsam waren. Wertschätzung, Rücksichtnahme, Dankbarkeit und Glück waren uns durch eigenes Erleben vertraut.

Und gerade auch deswegen, ich greife vor, sind für mich als Hinterbliebenen der Schmerz und die Trauer besonders groß. Anfällig im Alltag waren wir, wenn Teile unserer Lebensgeschichte berührt wurden: Bei meiner Frau kippte bisweilen die Willensstärke zur Strenge, die Skepsis zum Widerstand und zur Resignation. Bei mir wiederum wandelt sich die Offenheit zur Verschlossenheit und die Disziplin zur Belehrung. Es war dann immer unser Bestreben, das »Thema zum Thema« zu machen, sodass nichts Unerledigtes zurückblieb und die Liebe wieder Raum bekam. Schlimm wäre es für uns gewesen, wenn wir am Lebensabend nicht frei gewesen wären von Belastungen aus der Vergangenheit. Die kamen von selbst durch das Älterwerden, durch Krankheiten und Schicksalsschläge.

Die letzten zehn Jahre bestimmte unser Leben ein Phänomen, das viele Paare betrifft, aber dennoch bisweilen zu wenig beachtet wird, nämlich das im Volksmund gebräuchliche »Wie im Guten, so im Schlechten«, oder: »Mitgehangen, mitgefangen.«

Meine Frau litt seit Jahren an Fibromyalgie, hatte Schwächen in den Beinen, konnte nur noch auf dem Rücken liegen. Ich hatte zwei Herzinfarkte glücklich überstanden. Ein Prostatakrebs kam hinzu.

Alles zusammengezählt ergaben sich gravierende Abschiede vom gewohnten Alltag, Verringerung unseres Lebensradius und Einschränkung wesentlicher Tätigkeiten. Dies gemeinsam zu akzeptieren, obwohl nicht alles uns auch gemeinsam betraf, war unsere große Herausforderung, die wir ohne Liebe nie bewältigen hätten können. So sprachen wir nicht über Verzicht, sondern über Entgegenkommen, Rücksicht, Mitgefühl, Verständnis, Achtsamkeit, Entlastung, Hilfen. Mein Einsatz als Jüngerer war dann größer, meine Frau konnte loslassen, wo sie früher zugepackt hätte.

Manches war auch schmerzhaft: allein ins Konzert gehen, Tagungen ohne ihre Begleitung, Bergtouren mit anderen. Dafür dann Innigkeit, wenn ich wieder zurückkam.

Bis zum Tod

Der war noch weit weg, machte sich aber innerhalb von zehn Jahren leise bemerkbar, wurde von uns zwar beachtet, aber nicht ersehnt. Die Alterszahlen erhöhten sich: 80, 85, bald 90 – und für mich waren 70 und 75 nicht feierwürdig, bis das Schicksal eingriff:

Aufgrund ihres Beinleidens nahmen die Stürze meiner Frau zu, zu Hause und auswärts. Ein Rollator half, dennoch war eine OP nötig. Ärzte und wir beide waren zuversichtlich bis zu dem Zeitpunkt, als sie aus der Narkose aufwachte und merkte, dass sie nun zeitlebens einen Rollstuhl brauchte (der später ihr Freund wurde, weil er die Sturzgefahr bannte). Dennoch, mit 89 Jahren ein Schock: Entsetzen, Tränen, Auflehnung, Hilflosigkeit, Hadern, auf beiden Seiten, bis sich meine Frau nach wenigen Wochen in ihr Schicksal fügte. Wir hatten uns so sehr noch einige Jährchen gewünscht, erhofft. Der Abend unseres Lebens ging auf den Sonnenuntergang zu. Auch diesmal war es die Liebe, die uns tröstete und Kraft gab. Ich konnte noch einige Monate meine Frau zu Hause betreuen, bis wir beide die Grenzen einsahen. Ich bewundere bis heute ihre Entscheidung, obwohl sie wusste, dass das Heim ihre letzte Lebensstätte und der Tod das Lebensende werden würde.

Mit 91 Jahren schreibt sie mir: »Gemeinsam mit dir wunderbar in die Zukunft. Ich freue mich …« Und ich an sie:

»Es ist die Sehnsucht, die mich zu dir treibt.

Es ist meine Liebe, die immer bei dir bleibt.

Es ist des Schicksals Trennung, die an meiner Seele reibt.«

Und später sie an mich: »Ich wäre lieber vor einigen Jahren, bevor ich ins Heim kam, gestorben.« Und ich an sie: »Ich hätte dich so gern begleitet. 1000 Tage bin ich nun allein, seitdem du im Heim bist. Ich möchte gern wieder mit dir einschlafen.«

Es tut so weh, *zuschauen zu müssen*, wie sie leidet und wie ihr Körper langsam abbaut. Und es geht vielen anderen ebenso.

Dann kamen Corona, damit verbunden die Quarantäne im Heim und eine dreiwöchige Isolierung, dazu die Sehnsucht und der Schmerz durch die lange Trennung, ein hoher Preis für unsere innige Liebesbeziehung.

Der Tod kam zwei Mal

Das erste Mal, als ich sie aus der Wohnung ins Heim fuhr. Das zweite Mal, als ihr Herz stillstand und sie für immer einschlief, eingefallen das Gesicht, bleich und der Mund offen, schwer atmend, tief im Kopfkissen versunken, kurzatmig. Von der »starken Frau an meiner Seite« keine Spur mehr. Ich erinnere mich an ihre Sätze: »Bleib bei mir. Gell, du kommst bald wieder!« Und ich höre ihre Stimme: »Mein Herzens-Reinerli.« Kein »Ich schaff das!«, sondern ein kleines Kind, das ich in den Arm nehmen darf.

Ihr körperliches Licht ist erloschen. Ich küsse ihr Gesicht, berühre ihren Arm. Sie ist inzwischen bewusstlos – und nach 30 Minuten: »Jetzt hast du es geschafft.«

Hommage an meine Frau

Jeden Tag erlebten wir unsere Zweisamkeit:

Vom Aufwachen über die Tagesgestaltung bis hin zum gemeinsamen Einschlafen. Sie war durchwirkt von Nähe, die durch nichts und niemanden gestört wurde: von Zärtlichkeit, Wärme, Vertrautheit und Vertrauen, die für uns sicherer Boden war. Hand in Hand und Herz zu Herz und in dem Wunsch, miteinander alt zu werden. Ein wesentlicher Anteil an dieser Intensität bestand aus der Vielfalt in unserem gemeinsamen Leben. Diese äußere Vielfalt wirkte nach innen. Sie erzeugte für jeden von uns Bereicherung, Wachstum, Entwicklung und bewirkte ein Verbundensein ohne Fesseln.

Immer gibt es irgendwo den Satz: »Ich liebe dich unendlich.« Auch unsere Liebe sprach diesen Satz aus, wohl wissend, dass damit nicht die Wirklichkeit, sondern unsere Sehnsucht zum Ausdruck kam. Die Unendlichkeit innerhalb unserer Endlichkeit hört nicht auf, weil die Gefühle und Gedanken, die Erinnerungen weitaus stärker sind als die leibliche Trennung.

Unsere Liebe zueinander blieb uns erhalten, trotz unserer biologischen Verfasstheit, unserer Verschiedenheit als Frau und Mann, unserer unterschiedlichen Lebensgeschichten, Ziele, Absichten und Vorhaben.

Streit gab es nie im Sinne von Meinungen rauben, Recht behalten, Durchsetzung und Verteidigungsstrategien, wohl aber Meinungsverschiedenheiten, Zeiten für Kommunikationen und Klärungen, Austausch und Akzeptanz unterschiedlicher Emotionen, nie Abwertungen, jedoch auch Rückzug ins temporäre Alleinsein.

Nun sind wir am Abend unseres Lebens angekommen und die Abschiedsmelodien enthalten auch Molltöne: Du 13 Jahre älter mit langjährigem Beinleiden, ich durch zwei Herzinfarkte und Krebserkrankung. Wir sehen sie als Begleitung und als »Abschiedslernende«, wobei du die Stärkere und für mich Vorbild bist.

Unsere Türen gehen nun mehr nach innen als nach außen auf. Außer Haus waren wir selten. Jetzt verdichten sich unsere Zweisamkeit und unser Beisammensein, und wir genießen uns als Ort der Geborgenheit.

Dein Altern erlebe ich fließend, ohne Aufmucken und Hadern, ohne Jammern und Wehklagen. Mir fällt das Loslassen schwerer. Ich zehre dann von deiner Stärke, deinen Erfahrungen, und ich wiederum darf dir Stütze und Begleitung sein, wenn Belastungen dich einschränken.

Unsere Liebe ist, seit 48 Jahren, stetig gewachsen, reifer geworden. Wir haben uns immer wieder »neu entdeckt« und manches blieb rätselhaft. Jetzt gehen unsere Gedanken manchmal in die Vergangenheit, bleiben in der Gegenwart hängen und blicken in die Zukunft. Und in allen drei Dimensionen sind uns die Dankbarkeit, das Miteinander und unsere innige Liebe unser Lebenselixier.

Meine Frau starb wenige Wochen nach diesem Brief an sie an Herzversagen.

Über den Tod hinaus

Der Tod ist einmalig und übertrifft alles, was ich über ihn gedacht, gefühlt, gelesen und von anderen erfahren habe. Alle Kondolenzen und Briefe, die ich schrieb, die persönlichen Begegnungen mit Trauernden, das Ableben meiner Eltern, Verwandten und Freunde berührten mich.

Nun stehe ich selbst an einem Grab, das die Asche meiner Frau enthält, in einer Urne, nach Wunsch. Und *alles* ist anders.

Weil meine Frau fast 50 Jahre ihres Lebens mit mir teilte, weil sie mir am nächsten ist, weil ich mit ihr Zweisamkeit lebte und weil meine Liebe einzig, einmalig ist und unendlich, über den leiblichen Tod hinaus, dessen Endlichkeit ich immer noch nicht begriffen habe und fassen kann.

Trostbezeugungen kamen von vielen Seiten, anteilnehmende und gut gemeinte. Sie waren der Anlass, dass ich über den Tod hinaus meinen eigenen Schmerz, meine eigene Trauer, meinen Verlust, mein eigenes Befinden betrachte und inzwischen integrieren kann:

* Meine Frau ist in ihrem Wesen so präsent, dass ich sie »nur« körperlich vermisse durch die Vielfalt ihrer Berührungen.

* Sie ist überall an den Orten, an denen wir in unserem Leben gemeinsam waren: in Städten und Dörfern, an Seen und auf Bergen, in Restaurants und Museen, in Konzertsälen und Theatern, auf Einkaufsstraßen und Wanderwegen.

* Sie lebt in ihren gemalten Bildern, in meinen Büchern, in unseren Gesprächen und in meinen Erinnerungen, im Lachen und Weinen, in Freude und Trauer.

* Ganz besonders ist sie in mir als ein Mensch, dessen Lebensstärke, Lebenswille und Herzenswärme Quellen in meinem Leben waren und bleiben werden.

* Ich hätte ihr noch so viel zu sagen zu dem, was wir uns 48 Jahre gesagt haben. Wir brauchten nochmals 48 Jahre. Mein letztes Wort war: »Ich liebe dich.«

* Wo ich auch sein werde, ist sie bei mir in meinen Gefühlen und Gedanken, weil es keine innere Trennung gibt.

Und es wäre nicht anders, wenn sie noch etliche Jahre länger gelebt hätte.

Rückblick und Ausblick

Ich habe in diesem Buch »sozialverträgliche Sexualität« zum Thema gemacht, weil sie grundsätzlich und wesentlich für unser Menschensein ist und aus meiner Sicht die intensivste und intimste Art der Kommunikation.

Damit verband ich das Ziel, die sexuelle Gewalt als unmoralisch und menschenverachtend zu beschreiben und zu bewerten, besonders die in der katholischen Kirche ab Mitte des 20. Jahrhunderts, aber auch die in anderen Institutionen.

Sie gehört nicht der Vergangenheit an, weil es immer noch sexuelle Gewalt gibt und Offenbarungen und Wiedergutmachungen noch ausstehen (siehe Missbrauchsberichte aus dem Jahr 2021/2022.)

Die Öffentlichkeit ist informiert. Die Priester in den Gemeinden, die Mönche und Nonnen in den Klöstern, die privaten und staatlichen Internate haben heute wesentlich andere Vorstellungen vom Glaubensleben, von moderner Erziehung und zeitgemäßem Religionsunterricht.

Und vor allem geht es darum: Informationsfülle, Aufklärung. Liberalisierung und persönliche Orientierungen *in allen Bereichen* sind in unserer globalen Welt inzwischen eine Selbstverständlichkeit, auch wenn es oft sehr schwer ist, zwischen Fakten und Fakes zu unterscheiden.

Sorge bereiten mir die ungeheuren Vorkommnisse in den privaten Bereichen, singuläre ebenso wie in den Nahbereichen Familie und Verwandtschaft, sowie die nicht mehr überschaubaren Publikationen im Internet.

Nach wie vor besteht die Notwendigkeit, äußerst wachsam zu sein, damit die Sexualität sozialverträglich gelebt werden kann; damit sie von Einzelpersonen und Gruppen sowohl in den Medien als auch Menschen gegenüber nicht missbraucht wird; damit sie weiterhin die intensivste und intimste zwischenmenschliche Kommunikation bleiben kann.

Ich schloss bewusst mit dem Kapitel »Liebende«, weil die LIEBE für mich im Zentrum des Menschen ist, zu Beginn bis zum Ende seines Lebens.

Dr. Reinhold Miller, im Frühjahr 2022

mit Dank an Frau Dr. Margret Börger und Herrn Dr. Dr. Rainer Stripf für das intensive Mitlesen, die notwendigen Korrekturen und die wertvollen Hinweise und Empfehlungen

Literaturverzeichnis

Blom, Ph.: Der taumelnde Kontinent. Europa 1900–1914. München, DTV, 8. Aufl. 2018.

Deutsche Gesellschaft für Kinder- und Jugendpsychiatrie, Psychosomatik und Psychotherapie, 2007. In: Hessisches Kultusministerium, Wiesbaden. S. 40.

Harari, Y. N.: Eine kurze Geschichte der Menschheit. München, Pantheon, 37. Aufl. 2013.

Hessisches Kultusministerium: Handreichung zum Umgang mit sexuellen Übergriffen im schulischen Kontext. Wiesbaden, 2. Aufl. 2017.

v. Hirschhausen, E.: Mensch, Erde. München, DTV 2021.

Körner, T.: In der Männer-Republik. Wie Frauen die Politik eroberten. Köln, Kiepenheuer-Witsch, 2. Aufl. 2020.

Lindau, V.: Genesis. Die Befreiung der Geschlechter. München, Gräfe und Unzer, 3. Aufl. 2021.

Miller, R.: Beziehungstraining. Weinheim, Beltz 2015.

Miller, R.: Frei von Erziehung, reich an Beziehung. Freiburg, Centaurus 2013.

Miller, R.: Gott, ein Geschöpf des Menschen. Hildesheim, Olms, 2. Aufl. 2011.

Miosga, M./Schele, U.: Sexualisierte Gewalt und Schule. Weinheim, Beltz 2018.

Müller, J./Geisler, D.: Ganz schön aufgeklärt. Bindlach, Loewe (TB) 2017.

Roth, U. und M.: Hurra, dass wir noch leben! München. Unsere Mutmacher-Story gegen den Prostatakrebs. München, ZS GmbH, 2020.

Winterhoff, M.: Lasst Kinder wieder Kinder sein. Gütersloh, Gütersloher Verlagsanstalt, 7. Aufl. 2008.